教育部国别和区域研究系列丛书
北京语言大学国别和区域研究院
丛书主编：罗 林

拉丁美洲研究导论

INTRODUCTION TO LATIN AMERICAN STUDIES

谌华侨/程晓宇◎主编

时事出版社
北京

图书在版编目（CIP）数据

拉丁美洲研究导论／谌华侨，程晓宇主编. --北京：时事出版社，2024.9. -- ISBN 978-7-5195-0601-8

Ⅰ．D773

中国国家版本馆 CIP 数据核字第 2024SA0280 号

出 版 发 行：时事出版社
地　　　　址：北京市海淀区彰化路 138 号西荣阁 B 座 G2 层
邮　　　编：100097
发 行 热 线：(010) 88869831　88869832
传　　　真：(010) 88869875
电 子 邮 箱：shishichubanshe@ sina. com
印　　　刷：北京良义印刷科技有限公司

开本：787×1092　1/16　印张：9　字数：133 千字
2024 年 9 月第 1 版　2024 年 9 月第 1 次印刷
定价：88.00 元
（如有印装质量问题，请与本社发行部联系调换）

本书是四川外国语大学西班牙语国家级一流本科专业建设成果和四川外国语大学新文科歌乐书院"卓越涉外人才书院班"（第二期）项目"面向国家重大战略需求的拉丁美洲知识图谱工作坊"阶段性成果。

前　　言

拉丁美洲一般是指美国以南的美洲地区，涵盖北纬32°42′和南纬56°54′之间的广袤区域。该地区共有33个国家，面积达2070万平方公里，约占世界陆地面积的13.9%，人口约6.65亿。从地域范畴、国家数量、人口总数等指标来看，拉丁美洲在国际格局中占有重要地位。

历经殖民统治后，拉丁美洲国家普遍面临探索独立发展之路的历史重任。二战后，该地区大多数国家经历了军政府的统治，随后又转向民主政府。在其发展历程中，拉丁美洲国家尝试过多种发展模式，在诸多方面进行过改革实践，被称为"人类思想的试验场"，该地区因此成为观察各种经济社会改革的绝佳场所。然而，相对中国而言，拉丁美洲位于地球的另一端，与中国相距遥远，加之语言不通，对绝大多数中国读者而言颇为陌生，亟须该地区的研究读物。

从现有的课程体例来看，西班牙语专业的教学更为注重语言知识和语言能力方面的课程，以语言为主，辅以少量西班牙语国家的相关情况介绍。从2020年以来涉外企业的反馈来看，越来越多的中资企业前往拉丁美洲地区投资兴业。在此背景下，中资企业亟须深入了解拉丁美洲地区的人文、历史、政治、经济、外交、教育等方面的综合知识，以便更好地与该地区的相关主体进行更为顺畅的经贸往来。

有鉴于此，本书在前期教学改革项目的基础上，立足于当前西班牙语专业教学过程中西班牙语国家综合知识不足的问题，精心挑选校内西班牙语及拉丁美洲研究领域的骨干教师，本着强化基本知识、拓展学术视野的基本原则，从拉丁美洲地区人文、历史、政治、经济、外交、教育方面着手，进行专题写作。

本书的最终成稿，是项目团队集体智慧的结晶。第一章"拉丁美洲人文：民族与世界的瑰宝"由牟馨玉撰写，第二章"拉丁美洲历史：从殖民地到'新世界'的进程"由程晓宇撰写，第三章"拉丁美洲政治：曲折进程中的艰辛探索"由张庆、陈果、罗茂格撰写，第四章"拉丁美洲经济：虚假繁荣下的挣扎与出路"由辛梦妮撰写，第五章"拉丁美洲外交：内忧外患交织的网络"由王敏、谌华侨撰写，第六章"拉丁美洲教育：从模仿复制到自主变革的发展之路"由李怡撰写。在书稿写作过程中，项目团队成员克服困难及时完稿，并提交出版社；在随后的修订过程中，他们也多次对书稿进行完善，最终本书得以与读者见面。

近年来，国内的区域国别研究正在如火如荼地发展，期待本书的出版能够进一步丰富拉丁美洲研究的相关内容，服务西班牙语专业的教学，培养更多社会亟须的懂外语、通国家、精领域的复合型人才，为社会创造更大的价值。

目录 Contents

第一章 拉丁美洲人文：民族与世界的瑰宝

一、拉丁美洲人文概况 / 1

二、拉丁美洲人文特点 / 7

三、拉丁美洲人文面临的主要问题 / 10

四、拉丁美洲人文典型案例 / 14

五、拉丁美洲人文拓展阅读 / 19

六、思考 / 21

第二章 拉丁美洲历史：从殖民地到"新世界"的进程

一、拉丁美洲历史概况 / 22

二、拉丁美洲断代史 / 26

三、拉丁美洲历史特点 / 31

四、拉丁美洲历史典型案例 / 35

五、拉丁美洲历史拓展阅读 / 43

六、思考 / 44

第三章　拉丁美洲政治：曲折进程中的艰辛探索

一、拉丁美洲政治概况 / 45

二、拉丁美洲政治特点 / 50

三、拉丁美洲政治面临的主要问题 / 53

四、拉丁美洲政治典型案例 / 57

五、拉丁美洲政治拓展阅读 / 60

六、思考 / 61

第四章　拉丁美洲经济：虚假繁荣下的挣扎与出路

一、拉丁美洲经济概况 / 62

二、拉丁美洲经济特点 / 69

三、拉丁美洲经济面临的主要问题 / 74

四、拉丁美洲经济典型案例 / 77

五、拉丁美洲经济拓展阅读 / 82

六、思考 / 83

第五章　拉丁美洲外交：内忧外患交织的网络

一、拉丁美洲外交概况 / 84

二、拉丁美洲外交特点 / 88

三、拉丁美洲外交面临的主要问题 / 94

四、拉丁美洲外交典型案例 / 102

五、拉丁美洲外交拓展阅读 / 107

六、思考 / 111

第六章　拉丁美洲教育：从模仿复制到自主变革的发展之路

一、拉丁美洲教育概况 / 112

二、拉丁美洲教育特点 / 116

三、拉丁美洲教育面临的主要问题 / 123

四、拉丁美洲教育典型案例 / 127

五、拉丁美洲教育拓展阅读 / 131

六、思考 / 133

第一章 拉丁美洲人文：民族与世界的瑰宝

一、拉丁美洲人文概况

1492年，哥伦布率领三艘大船，从遥远的伊比利亚半岛出发，在大西洋颠簸了40多天，终于踏上了一片未知的大陆。这里的原住民并不知道等待他们的将是贪婪、疾病、"剑"和"十字架"。在这片辽阔的大陆上，文明的消失和嫁接、碰撞与混合先后上演。本章以哥伦布到达之前和之后的历史发展为序，从文学、建筑、绘画、音乐等方面，介绍拉丁美洲人文的整体发展历程和晚近状况。

（一）发展历程

由于经历战乱和人为破坏，流传至今的印第安文明时期的文字史料极少，我们只能通过古代人类活动所流传下来的遗迹和物品等，了解拉丁美洲在哥伦布到达之前的历史。考古发掘的古代人类生活遗迹已经向我们证实，在拉丁美洲地区，曾经确实存在灿烂的人类文明，是世界古代人类文明中心之一。

拉丁美洲地域辽阔，各地区在文明形成之初发展程度基本一致。随着时间的推移，逐渐形成以三大文明为中心的古印第安文明，分别是阿兹特克文明、玛雅文明和印加文明。这些灿烂的文明在之后的殖民侵略时遭到灭顶之灾，但古印第安人留下的文化遗产，成为当地土著民族和新拉丁美洲居民在民族大熔炉中寻根问祖和文化身份建构的重要文化脉络。手工技艺、雕刻艺术、金银饰品的锻造技术至今仍流传在印第安民族之中，成为珍贵的非物质文化遗产。

1. 古代印第安阶段

欧洲殖民者到达美洲大陆时，这一地区已经拥有灿烂的文化，有天文学、数学、医学、农学，能制作陶器，结绳记事等。但对于印第安文学是否在当时已经形成这一疑问，直到18世纪，部分印第安文学作品被翻译成西班牙语之后才有了确切答案。原始的印第安文字所记录的文学并没有被流传下来，我们今天所看到的古代印第安文学作品，历经曲折才得以呈现在普通大众面前。例如，我们熟知的《波波尔·乌》是研究古代拉丁美洲社会、历史、宗教、神话的重要史料和文学作品。

哥伦布到达这一地区之后，欧洲的征讨者用"剑"与"十字架"几乎将印第安民族全部消灭，土著文字消亡，仅有极个别语言幸存下来。幸存的印第安人或成为奴隶，或被驱赶到偏远的深山之中，来自欧洲大陆的士兵和传教士忙于把语言和宗教强加于印第安人，因此无人对印第安文学感兴趣。但通过印第安人的口口相传，将祖先的神话故事或英雄史诗传唱给下一代，后又根据口头印第安语拼音将这些故事以拉丁字母的文字形式保留下来。

到了殖民统治巩固时期，社会环境对印第安土著文明逐渐宽容，加之受当时欧洲文艺复兴的影响，后人发现了这些文本，并把它们翻译成西班牙语和其他语言，便有了今天我们看到的古代印第安文学。尽管它们尚未构成成熟的文学体系，但是这些口口相传的传说极具艺术表现力，故事情节极具魅力，展现了当地民族文化习俗、战争场面、祭祀场面、劳动场面、爱情，以及对大自然的挚爱与膜拜等，从中我们可以部分感受古印第安文明的魅力。

在建筑艺术方面，以阿兹特克、玛雅和印加三大文明为中心，由于空间、时间和艺术想象力的不同，各个中心呈现出不同的建筑风格，并且技术已发展到相当高的水平。这一时期的拉丁美洲建筑以宗教、军事和世俗建筑最为常见，其中宗教建筑最具古代印第安文明特色，主要有金字塔、神庙和各种祭祀中心。军事建筑包括城堡、城墙和战争用途的建筑设施。世俗建筑主要见于公共建筑，如广场、法庭、水厂等。这些规模宏大的世俗建筑和宗教建筑上几乎都有壁画、雕塑和碑柱等装饰物。与世界上其他时期古文明一样，他们从大自然获取艺术的灵感，通过雕刻、壁画等形式表达对自然、宇宙的认识，以及对未知事物的恐惧和对神秘事物的崇拜。由于自然和人为的破坏，绘画作品被保留下来得极少，题材多为神像、动植物、人类生产活动。

音乐和舞蹈是当地人民生活的重要组成部分，而它们起初并不是一种纯粹的艺术欣赏，而是宗教情绪的表现。除此之外，音乐和舞蹈还用于战争、农耕、巫术等方面。

2. 殖民地阶段

1492年10月12日，哥伦布踏上了中美洲加勒比海巴哈马群岛中的圣萨尔瓦多岛。自此，以西班牙和葡萄牙为主的欧洲人开始在拉丁美洲拓展殖民地，掠夺财富。整个16世纪便是对这片土地征服、劫掠和屠杀的时期。这一时期的文学主要是欧洲探险者、征服者和殖民者留下的日记、报告和信件等，如哥伦布的《航海日记》。这些文字资料对于研究拉丁美洲历史和文学具有重要价值。

16世纪50年代之后，开始有拉丁美洲人创作文学作品，他们留下记事文学和史诗，拉丁美洲意识开始形成。17世纪上半叶，宫廷诗代替了征服时期的记事文学和史诗，从艺术风格来说属于巴洛克风格。拉丁美洲的巴洛克文学是宗主国文学的翻版，颂扬殖民者的建设成就和奢靡生活。17

世纪下半叶，拉丁美洲意识逐渐加强，其文学作品多以诗歌、戏剧等形式赞美拉丁美洲的河山，同情印第安人，谴责殖民统治。墨西哥女作家索尔·胡安娜是殖民地文坛上为数不多的璀璨明星之一。18世纪，随着宗主国的衰落和欧洲人文主义思想的进入，拉丁美洲的民族文学开始萌芽，但是小说创作似乎没有引起人们的重视。

随着宗主国的政治制度、经济制度在拉丁美洲地区被复刻，包括建筑在内的艺术风格也随着远航的船只来到这片大陆。一时间，伊比利亚半岛的各种流派被搬到拉丁美洲，因此，这一时期的建筑同时具有多种风格也不足为奇。为了适应本地需要，加之或多或少的改变与创新，拉丁美洲建筑逐渐孕育出新的风格。在殖民初期，绘画和雕刻多与建筑融为一体，欧洲人为了征服与统治当地民众，在拉丁美洲大地建设了一大批教堂，因此，以宗教为主题的绘画与雕刻作品数量惊人。总的来说，殖民时期的艺术家都是以模仿的形式跟随欧洲的艺术潮流。

在此期间的音乐和舞蹈也以引入欧洲元素为主。在建立殖民统治的过程中，宗教音乐伴随着传教士传遍拉丁美洲大陆。殖民社会秩序基本建立后，为满足生活需要，欧洲的世俗音乐也被引入。天主教会在举行宗教典礼时不仅有音乐，还有舞蹈。教会继承了古印第安人宗教祭祀时的舞蹈，这些印第安人还学习了从欧洲和非洲传来的舞蹈。一段时间后，融合了印第安本土、欧洲和非洲的拉丁美洲音乐与舞蹈逐渐形成，甚至一度传到宗主国。

3. 民族独立阶段

18世纪末19世纪初，拉丁美洲掀起争取民族独立的运动，社会剧变使文学也发生变化。在此期间涌现出一批作家，他们以文学为武器，为争取民族独立呐喊，甚至投身革命而献出生命。1816年出版的《癞皮鹦鹉》是拉丁美洲西班牙语国家的第一部长篇小说。

从19世纪30年代起，拉丁美洲民族文学快速发展。这一时期的拉丁美洲民族文学经历了浪漫主义文学和现代主义文学两个阶段。彼时，拉丁美洲各国正值独立之初，内战频繁，专制独裁使社会动荡不安。在这种社会背景下，源于欧洲的浪漫主义文学在19世纪上半叶传入拉丁美洲。拉丁美洲的浪漫主义文学先后经历了社会浪漫主义和感伤浪漫主义两个阶段，前者宣扬自由、平等、博爱的思想，后者则常就人生哲理、风土习俗进行冷静思考。19世纪末至20世纪初，现代主义文学运动兴起。这一时期的文学以诗歌创作为主，逃避社会现实，追求纯粹的艺术风格。

同文学一样，拉丁美洲建筑在这一时期先后受到欧洲新古典主义、浪漫主义和现实主义的影响。新古典主义的理性和简朴的特点符合当时拉丁美洲独立运动的社会背景，因此很快被接受，其典型代表如波哥大圣弗朗西斯科教堂、布宜诺斯艾利斯主教座堂等。19世纪末20世纪初，各国局势较为稳定，一时间兴起建设政府建筑、豪华剧院的浪潮，富人斥巨资修建私人住宅，但艺术风格依旧对宗主国亦步亦趋，代表作品有墨西哥国家美术宫、布宜诺斯艾利斯科隆大剧院等。

新古典主义和浪漫主义在艺术界也占据了主导地位。艺术家们被革命热情驱使，作品突出有独立意识和民族意识的拉丁美洲大陆，但仍无法独立于欧洲的艺术流派，实现民族艺术的道路依然漫长。

（二）晚近状况

用"百花齐放，百家争鸣"来形容20世纪拉丁美洲文学再合适不过。20世纪四五十年代形成的魔幻现实主义，20世纪六七十年代出现的拉丁美洲"文学爆炸"，一次次轰动世界文坛。大批优秀作家和作品涌现，人们争相传阅，在世界范围内掀起拉丁美洲文学热。拉丁美洲小说创作在20世纪70年代初达到顶峰之后，进入转折期。这种现象与20世纪五六十年代轰动世界的各种主义、流派盛极而衰有关，同时也成为拉丁美洲文学一个新的积累孕育期。一批文学新人逐渐崛起，他们逆"文学爆炸"时期的潮流而动，摒弃"文学爆炸"时期过分求新的实验主义倾向，更加关注人们的日常生活，关注社会边缘群体。此外，拉丁美洲大陆的叙事文学一直是男权主义占统治地位的传统文学,"文学爆炸"中涌现的几乎都是男性作家。随着女权主义在世界范围内的影响不断扩大,"文学爆炸"之后,拉丁美洲的女性文学迅速崛起,令人瞩目。进入21世纪,拉丁美洲文学仍在蓬勃发展,老一代作家笔耕不辍,大批中青年作家异军突起,求新求变,以其独具特色的创作风格受到大众的追捧和世界文坛的认可,呈现出多元化特征。

拉丁美洲建筑艺术也紧随着文学艺术的脚步逐渐进入世界前列。一批拉丁美洲本土建筑师从欧美学成归来,引入最新的艺术创作理念。他们结合本土审美和使用习惯,建造极具拉丁美洲特色的现代建筑。到了20世纪下半叶,拉丁美洲建筑艺术逐渐成熟,且另辟蹊径,自成体系,民族传统与现代工艺技术得到完美融合。拉丁美洲的现代建筑,特别是巴西和墨西哥的建筑,成为建筑艺术创作的典范。

进入20世纪,拉丁美洲画家和雕刻家民族意识强烈。他们开始大胆创新,勇于和自我决裂。为了创造独树一帜的拉丁美洲风格,他们借助不同的艺术手段来表现拉丁美洲本土的人和物。这一时期,玛雅金字塔、巴西咖啡园、移民船、潘帕斯草原等成为常见的创作元素。在此过程中,最为典型的当属墨西哥壁画。在经历了墨西哥革命后,艺术家们重新思考本民族绘画和雕刻艺术,使这一时期的作品具有强烈的视觉冲击力和强大的感染力,达到世界一流水平,成为现代艺术的瑰宝。

拉丁美洲音乐经历了模仿和独立的过程。20世纪初,音乐家们以其强烈的民族意识,大量吸收民间音乐素材,创作出独特的民族风俗音乐风格。20世纪50年代之后,拉丁美洲艺术又以世界主义、现代主义、先锋派为潮流。与文学发展一样,在多元的文化环境中,拉丁美洲的音乐表现形式呈现多元化趋势。

二、拉丁美洲人文特点

拉丁美洲历史悠久，是灿烂的古代玛雅文化、阿兹特克文化和印加文化的摇篮。拉丁美洲印第安人留下宏伟的金字塔古迹，精巧绝伦的阿兹特克太阳历石，令人惊叹的玛雅象形文字和印加结绳记事，粗犷洒脱的浮雕，寓意深邃的壁画，这一切无不显示出拉丁美洲人民高超的智慧和创造才能，是拉丁美洲为世界文明发展作出巨大贡献的历史见证。

（一）混合性

拉丁美洲的文化是一种独特的混合文化。在500多年的血雨腥风中，印第安人、欧洲人和非洲人的文化发生了冲突、碰撞、调和、交汇和融合，形成具有古老传统和青春活力的独特的现代拉丁美洲文化。

拉丁美洲至今保留着一种混合文化结构，即以殖民时期出现的欧洲基督教文化为主体，印第安文化和非洲黑人文化为重要组成部分的混合文化。古老的印第安文化传统在殖民侵略和全球化进程中，或遭到破坏，或被边缘化，残存的土著居民也是在欧化模式中发展和塑造自己的文化。欧洲殖民促使各种族相互接近，种族混杂在拉丁美洲文化的形成过程中成为一个明显的要素。殖民化以前的土著人口在众多的安第斯国家和中美洲国家中占优势地位，而在5个世纪的殖民和移民运动以后又有了欧洲人，主要是西班牙和地中海民族的后裔。在一些国家尤其是加勒比地区，还有源于非洲的居民，那是在300多年奴隶买卖的历史中形成的。在这些众多的种族群体中发生了一个广泛而缓慢的杂交过程，产生了一个被某些专家称为的新的种族群体，这便是常常被视为与现在的拉丁美洲和民族主义成为一体的那些人。① 今天的拉丁美洲人保留了不同民族的文化基因，这也恰恰是拉丁美洲人区别于其他国家和地区的民族特征。种族和文化的融合性是拉丁美洲大陆文化独特性的一部分，这种独一无二的杂交性文化，促使拉丁美洲人形成一个整体，即文化融合并没有抹掉拉丁美洲人在情感上的一致性。

（二）开放性

从拉丁美洲文化发展历程可以看出，拉丁美洲文化在引进和吸收其他文化最新成果的过程中，很少有保守性或排他性，但也不是简单的"拿来主义"。他们如饥似渴地学习其他文化，并根据本地区发展需求，创造出属于拉丁美洲的独特文化。对外来文化的吸收与内化是拉丁美洲文化开放和创新的表现，拉丁美洲文化的繁荣发展也是以此为出发点的。

无论是殖民时期闯入这片大陆的殖民者、从非洲被贩运到此的奴隶，还是20世纪的欧洲移民，他们在新大陆没有深厚的文化根基。通过不同民族间的交融，逐渐形成一种外向型和开放型文化。这种世界性的取向使得他们很容易与其他文化进行交流和对话。"这些文化之间从第一次接触起便建立了一种对话，实际上正如现在所说的，是一种'两个世界之间的遭遇'。这种对话过去和现在都不是心平气和或彼此容忍的，但仍不失为一种对话，这种对话制造出一个文化适应的过程，从而形成现在的拉丁美洲文化。"②

这种开放性首先体现在拉丁美洲内部不同文化之间的文化交流上，其次体现在与其他文化的交流和对话的过程中。在拉丁美洲大陆上，不同文化之间逐渐形成一种包容、妥协、交流和对话的关系。在当代拉丁美洲文

---

① ［美］欧文·拉兹洛编，戴侃、辛未译：《多种文化的星球——联合国教科文组织国际专家小组的报告》，社会科学文献出版社2001年版，第58页。
② ［美］欧文·拉兹洛编，戴侃、辛未译：《多种文化的星球——联合国教科文组织国际专家小组的报告》，社会科学文献出版社2001年版，第171页。

化的形成中，天主教会对拉丁美洲同一性的诞生起过"决定性"作用。但"这种'征服者文化'与传统的伊比利亚文化不同，它通过与本地文化的接触也产生了一些改变"，本土文化采取了"抵制和保护自己的措施"。①不同民族之间的通婚使得拉丁美洲文化一直对文化间对话持开放态度。仔细观察20世纪60年代被西方文学界称为"文学爆炸"的拉丁美洲文学创作，从作家到作品都可以看出一些共性，即拉丁美洲文化的开放性与世界性。几百年来，拉丁美洲文学的发展与欧洲的艺术潮流密切相关，他们直接或间接地培养了新一代拉丁美洲作家，彼时最流行的艺术技巧汇聚在拉丁美洲。

（三）民族性

拉丁美洲"文学爆炸"时期的文学创作除了具有世界性，还具有民族性。二者矛盾却和谐地结合在一起，使拉丁美洲文学绽放出巨大魅力。因此，拉丁美洲文学走向世界并非偶然，而是自欧洲人登陆这片大陆之后，民族身份在世界性的矛盾中催化出的一种结果。在当代哥伦比亚著名作家加西亚·马尔克斯的小说《百年孤独》中，作者描绘了加勒比海沿岸小镇马孔多的百年兴衰，生动而形象地反映出100多年来拉丁美洲风云变幻的历史进程。作者在作品中将现实与幻想、叙事与隐喻、现实主义与夸张结合起来，并融入印第安传说、《圣经》典故以及东方神话，创造出一部具有明显世界性取向的西方现代主义文学杰作。因此，在全球化和民族主义的双重推动下，现代拉丁美洲文化已经成为一个矛盾和统一的综合体。

事实上，从拉丁美洲文学作品到建筑艺术，甚至音乐和舞蹈中都能找到民族身份与世界主义矛盾地结合在一起的特征。阿根廷探戈便是一个典型的例子。19世纪中后期，年轻的阿根廷共和国进入经济繁荣时期。当

---

① ［美］欧文·拉兹洛编，戴侃、辛未译：《多种文化的星球——联合国教科文组织国际专家小组的报告》，社会科学文献出版社2001年版，第172页。

时，大量农村居民涌入拉普拉塔河南岸的繁华大都市布宜诺斯艾利斯。很快，大批欧洲和周边国家移民也来到拉普拉塔河流域，各自的文化随之扎根于此，丰富的音乐和舞蹈在这里碰撞、融合，形成一种被称为探戈的独特音乐节奏——具有潘帕斯草原上高乔人的英勇强悍，地中海北部沿岸人民的热情奔放，而码头附近、街头酒馆里的舞者又赋予它放荡不羁的味道。这种从底层发展起来的舞蹈，还常出现在烟花场景中，但起初并没有受到上层阶级的重视。后来，当探戈传播到欧洲并得到发展时，又传回阿根廷，并进入上层社会的视野。20世纪初，探戈已普遍被大众接受。20世纪40年代，探戈迎来自身的黄金时代。诗人开始为探戈写歌词，音乐家开始为探戈谱曲，舞蹈家开始演绎，探戈融入阿根廷国家传统庆典中。如今，探戈早已是享誉世界的流行歌舞。

从现代早期西方资本的扩张到当代全球化经济的发展，拉丁美洲一直是文化交汇、碰撞、冲突、和解和融合之地，形成具有开放性和世界性的混合文化，这也是现代拉丁美洲文化的民族认同根基。

三、拉丁美洲人文面临的主要问题

墨西哥革命之后，拉丁美洲文化民族主义进入发展高峰期，深刻的社会变革使文学和艺术从对民族意识的反映过渡到对文化的反思，进而逐渐形成民族思想观念。彰显种族融合的"土著主义"（又称"印第安主义"）成为拉丁美洲文化民族主义最重要的组成部分。20世纪20年代始于墨西哥的"土著主义"强调拉丁美洲混合种族的独特性。除了"青年导师"巴斯孔塞洛斯发表的《宇宙种族》外，最具代表性的还有墨西哥的壁画运动。大量植根于墨西哥本土艺术形式的公共壁画，披露社会现实，饱含民族主义情怀，对美洲和欧洲艺术潮流均产生了重要影响，赢得大批追随者，文化民族主义形式得以丰富和完善。

20世纪五六十年代发展起来的魔幻现实主义作为令世人耳目一新的崭新文学流派，引领了拉丁美洲的"文学爆炸"。胡安·鲁尔福、米格尔·安赫尔·阿斯图里亚斯、卡洛斯·富恩特斯、加西亚·马尔克斯等代表作家大量运用土著语言，引用神话传说，描摹美洲大陆的奇特景观。他们的作品深刻揭露社会弊病，抨击军事独裁及外国的资本掠夺，民族色彩浓厚，使拉丁美洲的文学成就走在世界前列。

此外，21世纪以来，受到拉丁美洲政府重点保护和传承的拉丁美洲民间音乐、舞蹈等艺术形式，如阿根廷的探戈、古巴的莎莎、巴西的桑巴等，均为更广泛的大众所接受。此外，在电影和流行音乐领域，拉丁美洲也充分发挥了本土优势与创造力，一方面还原最为真实的拉丁美洲，展现这片广袤土地上的悲欢离合；另一方面在坚持传统形式的基础上，又开创出全新的艺术风格体系。

自拉丁美洲独立以来，坚持思想文化主权、捍卫美洲土著文明、重视本土文化成果的文化民族主义思潮一直影响着拉丁美洲文化的走向，从文学、建筑到绘画和音乐，都能看到现代拉丁美洲文化始终保持的民族特性。此外，拉丁美洲的文化身份建构之路一直受到全球化潮流的影响，西方资本扩张使得外来文化持续输入，在经济全球化和民族主义的两股力量之下，拉丁美洲不断或被动或主动地吸收外来文化，但又保持着本土文化的核心部分，使自身既不同于欧洲，也不同于北美洲。但从全球化的大潮开始，拉丁美洲文化发展受自身历史和现实制约而面临诸多问题。

（一）文化交流不平等

拉丁美洲国家获得独立后的200年里，受到军人干政、改革不彻底、西方资本的干扰，大多数国家并没有构建坚实的经济基础，经济落后、文化交流失衡的状况长期没有得到改善，文化创新能力明显不足。"在当代社会，经济发展程度，或现代化程度的高低对于文化认同和发展有重要意义。"① 比如，20世纪中期拉丁美洲经济增长显著，同时出现一系列文化创新成果："文学爆炸"和建筑艺术的辉煌成就。在当代，已被卷入全球化潮流中的拉丁美洲，经济结构脆弱，容易受到外部因素的冲击，因而拉丁美洲文化难以在世界上发挥重要作用。20世纪90年代起，美国开始在西半球大肆推广"新自由主义"发展模式，然而加入这一模式的拉丁美洲却陷入严重的经济和社会危机。经济利益冲突日益尖锐，大众审美发生变化，文学、艺术也经历重大改变。拉丁美洲越来越多的世界性文学，就是在这种影响下产生的，所谓的"多元化"对于发展中国家来说其实是强势文化的一元化。

文学和艺术在这种潮流下逐渐呈现出"去民族化"趋势。拉丁美洲大陆由于与伊比利亚半岛的历史渊源及文化混合性，本身就存在个体文化身份认同分歧，加之各国分立、经济体量不足且结构不完善，面对强势文化时无法平等交流，因而拉丁美洲文化的民族性面临"去民族化"的问题。

（二）文化凝聚力不强

拉丁美洲政治独立之后，在语言、文化和宗教信仰方面没有形成统一的国家，造成这一结果主要有以下几方面原因。第一，伊比利亚国家对殖民地采取"分而治之"的政策，各利益集团之间矛盾较多，并形成不同派别和地区之间的冲突，这就导致独立之后依然内战不断。第二，殖民时期兴起"领土上的民族主义"，地主贵族集团对土地占有存在不同的利益需求，这种思潮从政治上将拉丁美洲"碎片化"，因此各地区之间难以形成政治经济一体化。第三，拉丁美洲地缘辽阔、地形复杂多样，人口和自然

---

① 刘文龙、朱鸿博：《全球化、民族主义与拉丁美洲思想文化》，上海辞书出版社2013年版，第275页。

资源分散，统一起来非常困难，分立的国家之间在领土纠纷上耗费大量本可以致力于发展经济的人力和物力。

从文化认同角度来讲，由于印第安土著文化、欧洲殖民文化、非洲黑人文化和独立后西方文化的强势影响，拉丁美洲人在自我认同上存在各种差异，有的人认为自己是西方的一部分，有的人认为自己有别于欧洲人。强势的西方政治、经济、文化和拉丁美洲本土经济文化的先天不足和缺乏凝聚力，导致其诸多政治、知识和艺术精英皆非本土培养，而是美国教育体系栽培出的，或是受到欧洲马德里、巴黎吸引前去求学的。科学是全球互通的，然而人文教育中的文化、政治、历史等需要有民族精神作为其支柱，一旦西方完全承包了拉丁美洲人的教育，那么拉丁美洲人在文化认同方面势必面对重重困难。

（三）文化保护力度不够

2018年6月，位于巴西里约热内卢市的国家博物馆举行了庆祝建馆200周年活动，馆内展现了从1500年葡萄牙人发现巴西一直到巴西成立共和国的历史。然而，2018年9月2日晚该博物馆突然遭到灭顶之灾，2000万件藏品被大火损毁。作为建筑，它是巴西帝国的王宫，对于巴西的重要性就像故宫对中国的意义，大火让巴西的人文历史出现了空洞。博物馆里珍藏着巴西人的民族记忆，记忆的断裂意味着历史的空缺。这一事件让人联想到伊比利亚殖民者从历史上抹去印第安文化，并使其集体记忆发生断裂。

按照文化民族主义的观点，美洲的历史是由入侵者书写和流传的，是殖民者的历史。拉丁美洲原住民有自己的历史，殖民者拿着"剑"和"十字架"将原住民从身体到思想全部奴隶化，而最残酷的手段则是剥夺印第安人的历史。没有历史，人就不能了解自我，而借别人的历史了解到的并不是真实的自我。拉丁美洲各国独立之后，因为民族主义思潮的盛行，印第安人的确在政治权力、文化生活方面得到了改善。20世纪，在文化领域印第安人的历史和现实成为拉丁美洲文学、建筑、绘画和音乐舞蹈的艺术题材，但我们所看到的有多少依然出自他人之手？拉丁美洲在哥伦布发现之前的历史在世界范围内依然处于被遗忘的状态。在人文领域，近现代拉丁美洲拥有像"文学爆炸"、拉丁舞、拉丁音乐等受世界追捧的瞩目的文化自信来源，但这些仅是少数，只能算作自我安慰，真正的民族自信需要自我真实的历史，这是进行政治动员，团结大众和凝聚力量谋发展的必要条件。

四、拉丁美洲人文典型案例

"印第安美洲的文化犹如一条彩虹，在这条彩虹中可以分辨出在这个印第安—非洲—拉丁美洲大陆同时并存着的七种文化的颜色，即西班牙文化、葡萄牙文化、印第安人文化、非洲黑人文化、印第安伊比利亚文化、美洲黑人文化和全面混血人的文化。"① 这种混杂而统一的文化环境必定能孕育出独具魅力且多种多样的文化产物，"拉丁美洲文明是一道由光谱上的各种颜色组成的统一光束"②，为了从这道绚烂的光束中选择一二来具体感受拉丁美洲文化，我们只能优中选优，在经典之中选经典，挂一漏万在所难免。今天，谈及中国民众对拉丁美洲文学艺术的了解，或许都绕不过《百年孤独》和拉丁舞。可以说，二者皆为拉丁美洲近百年历史的缩影，而一系列西方视角下的认知始终是通往真实的拉丁美洲的一道壁垒。拉丁美洲就是它自己。

---

① ［秘鲁］欧亨尼奥·陈-罗德里格斯著，白凤森、杨衍永、刘德、齐海燕译：《拉丁美洲的文明与文化》，商务印书馆1990年版，第328页。
② ［秘鲁］欧亨尼奥·陈-罗德里格斯著，白凤森、杨衍永、刘德、齐海燕译：《拉丁美洲的文明与文化》，商务印书馆1990年版，第3页。

（一）《百年孤独》：幻想与现实

瑞典文学院在对加西亚·马尔克斯的授奖词里称其"在小说创作中将幻想与现实元素融为一体，缔造出一个丰富多彩的想象世界，反映了拉丁美洲这片土地上的生存与斗争"[①]。他的《百年孤独》于1967年由一家阿根廷出版社出版，刚一问世就引起轰动。几个月内，小说被翻译成20多种语言，10年间，仅在阿根廷就印行了46次。后来，2010年诺贝尔文学奖得主马里奥·巴尔加斯·略萨称《百年孤独》的出现使拉丁美洲文学经历了"一场文学地震"。1971年诺贝尔文学奖得主智利诗人聂鲁达称这部作品是"继塞万提斯的《堂吉诃德》之后最伟大的西班牙语作品"[②]。加西亚·马尔克斯于1982年获得了诺贝尔文学奖，1984年这部作品刚被引入中国，便掀起一股"《百年孤独》热"，并催生了中国的寻根文学。即便在今天，谈论加西亚·马尔克斯依然是一种时尚的文学潮流。这种影响给我们最直接的感受便是认识了魔幻现实主义。《百年孤独》标志着这一文学流派走向成熟。作家通过幻想与现实的糅合讲述了马孔多兴建、发展、繁荣，直至消亡的百年历史，让广大读者看到他的国家乃至拉丁美洲整片大陆的历史变革。

小说的开头通常会奠定整部作品的基调，甚至是整本书的神韵之所在。一段引人入胜的话能在短短几秒内迅速带领读者进入叙述者设定的情境中，令人陷入深思，欲罢不能。加西亚·马尔克斯曾表示，创作《百年孤独》这部小说最困难的时刻便是开头，经过漫长的寻找，他终于在一次旅行途中找到书写这部家族兴衰史的笔调。"原来，我应该像我外祖母讲故事一样叙述这部历史，就以一个小孩一天下午由他父亲带领去见识冰块

[①] 译文来自晏博：《拉丁美洲文学经典评析》，外语教学与研究出版社2019年版。详情见诺贝尔文学奖网站：https：//www.nobelprize.org/prizes/literature/1982/marquez/facts。

[②] 吴晓东：《从卡夫卡到昆德拉：20世纪的小说和小说家》，生活·读书·新知三联书店2017年版，第258页。

这样一个情节作为全书的开端。"① 于是，便有了这个世界文学名著中经典的开头："很多年以后，面对行刑队，奥雷里亚诺·布恩迪亚上校将会回想起父亲带他去见识冰块的那个遥远的下午。"② 从这句话中，我们看到的不仅是小男孩随父亲去见识冰块的情节，还看到叙述时间跨越了过去、现在和将来三个时间维度。萨特曾说："小说家的技巧，在于他把哪一个时间选定为现在，由此开始叙述过去。""很多年以后"讲述的是将来，也就是说，以后会有一个叫奥雷里亚诺·布恩迪亚的上校要被行刑队处以死刑，这是叙事者预先告知读者未来要发生的事情。而"父亲带他去见识冰块"又回到很久以前"那个遥远的下午"，叙述者又站在未来，变成倒叙，这种首尾相连、循环往复的叙述方式贯穿整部作品。开篇第二句话："那时的马孔多是一个二十户人家的村落，泥巴和芦苇盖成的屋子沿河岸排开，湍急的河水清澈见底，河床里卵石洁白光滑宛如史前巨蛋。"③ 马孔多从开创之处的原始状态到小说结尾被飓风卷走而从此消失，在整部作品中，布恩迪亚家族的人名和人物气质特征不断重复，马孔多第一代创始人乌尔苏拉几次提起"和奥雷里亚诺一个样"，或者"世界好像在原地转圈"。这种环形的时间和循环往复的家族命运，形成一个封闭的环形，从叙事结构上烘托着孤独与死亡的主题。其背后隐藏的命运让人心生恐怖，把读者的思想引向一个宏大的主题，即人类将何去何从。

在这样的叙事空间里，加西亚·马尔克斯自由地穿梭在幻想与现实之间。他用夸张、戏谑的手法把神话传说、宗教典故和民间故事融入书中，展现拉丁美洲独特的现实。这种不同于传统现实主义文学的创作方法，吸引了欧洲学者对魔幻现实主义的强烈关注，也影响了中国20世纪80年代

---

① ［哥伦比亚］加西亚·马尔克斯、P. A. 门多萨著，林一安译：《番石榴飘香》，南海出版公司2015年版，第96页。
② ［哥伦比亚］加西亚·马尔克斯著，范晔译：《百年孤独》，南海出版公司2011年版，第1页。
③ ［哥伦比亚］加西亚·马尔克斯著，范晔译：《百年孤独》，南海出版公司2011年版，第1页。

一大批文学创作者。但《百年孤独》的作者本人拒绝这一说法,他认为,这些所谓的博人眼球的"魔幻",在他生活的土地上就是大家习以为常的画面,他在作品里所说的一切都是"建立在现实的基础上"。在《番石榴飘香》这部访谈录中,他提到:"我认识一些普普通通的人,他们兴致勃勃、仔细认真地读了《百年孤独》,但是阅读之余并不大惊小怪,因为说实在的,我没有讲述任何一件跟他们的现实生活大相径庭的事情。"加西亚·马尔克斯小时候从外祖母那里听到很多民间故事,他在小说中像他的外祖母一样,不动声色又言之凿凿地将布恩迪亚家族和马孔多小镇的兴衰史向读者娓娓道来。这种叙述口吻无疑对整部作品起到关键性作用。然而作者如此精心地描绘现实主义的幻想,却造成一种客观上的魔幻色彩。欧洲评论者的目光和拉丁美洲普通读者感受的不一致也正说明了这一点。欧洲人用自己的评价标准来看待小说中的情节,即用所谓科学与理智的目光来解读,必然会认为那些无法用科学来解释的情节是荒诞的、离奇的、魔幻的。真实的拉丁美洲被蒙上了神秘的面纱,被人曲解,被陌生化,而这也正是孤独的来源。无论是布恩迪亚家族的孤独,还是马孔多的孤独,都成为拉丁美洲的缩影。

《百年孤独》无疑将拉丁美洲文学推向新的高度,有人甚至称加西亚·马尔克斯是拉丁美洲文学的"掌门人"。他使拉丁美洲的魔幻现实主义风靡世界,成为一个时代文化特性的代表。

(二)探戈舞:镶嵌在拉普拉塔河流域的马赛克

对于探戈的印象,有人或许还停留在赵丽蓉老师那句耳熟能详的"探戈就是蹚啊蹚着走,三步一窜嘛两啊两回头,五步一下腰,六步一招手,然后你再蹚啊蹚着走"上。有人或许从美国电影《闻香识女人》中见识了探戈的舞姿,又或许从2021年央视春晚的歌舞节目《节日》中看到探戈的元素。探戈起源于拉普拉塔河流域,19世纪中后期,大量移民涌入繁华的布宜诺斯艾利斯,带来了多元化的文化元素,在这种文化碰撞过程中,探戈产生了。

　　阿根廷人民于1816年7月9日宣布独立，摆脱了殖民统治。从19世纪80年代开始，由于当时政策的鼓励，大批欧洲移民来到阿根廷首都布宜诺斯艾利斯。其中占比最多的是意大利人，其次是西班牙人和法国人，他们主要来自这些国家的港口地区。因此，早期的欧洲移民男女比例失衡，在一些鱼龙混杂的娱乐场所，诞生了最早的探戈舞，并且是男子对舞，常表现为男子为争夺女子而决斗。我们看到的舞者面部表情严肃，且"两步一回头"的动作正是为了在决斗过程中提防情敌的袭击，且舞者腰部还佩戴短剑。[1] 当男女比例失衡有所改善之后，男女对舞的形式才逐渐形成。

　　但在早期，探戈一直遭到主流社会的抨击。直到20世纪初，探戈流传到欧洲和北美洲，受到民众的热烈追捧，成为当时最时尚的舞蹈，一些专业人士也加入其中，并对其进行了专业化改造，探戈的艺术性得以提升。经历了这种蜕化，探戈重新回到阿根廷，并进入主流社会甚至上层社会的交际圈。随后，1946年贝隆政府开始宣扬民族主义，大力弘扬探戈，使这一艺术进入发展的黄金期。之后的军事政变使阿根廷进入军事独裁时期，在严酷的社会环境下探戈被禁止。直到1982年军政府倒台，民选政府恢复并大力推进民主化进程，探戈才重新走入人们的生活，并作为民族传统得到保护与支持。曾经一度争夺探戈起源地的阿根廷和乌拉圭，携手向联合国教科文组织申报世界非物质文化遗产，并于2009年成功获批。

　　从探戈的艺术表现中我们可以看到不同元素的融合，包括潘帕斯草原上的传统音乐舞蹈米隆加、古巴的哈巴涅拉舞曲、黑人音乐坎东贝、西班牙安达卢西亚探戈和意大利的那不勒斯歌曲。在拉普拉塔河流域，原住民留下的文化烙印与欧洲、中北美洲、非洲文化碰撞、融合、演变，最终形成拉丁美洲的一朵艺术瑰宝。探戈艺术是拉丁美洲混合文化的代表之一，如今探戈早已传至世界各地，成为不同地域艺术家的创作灵感来源。

---

[1] 金桥：《从"恶魔"到"天使"——由阿根廷探戈艺术的发展变迁看南美社会的近现代转型》，《艺术学研究》2014年第8期。

五、拉丁美洲人文拓展阅读

拉丁美洲历史文化悠远，笔者选择一些经典且具有代表性的文献供想进一步了解拉丁美洲文化的读者选择性阅读。文献涵盖来自拉丁美洲、欧美和中国的学者的研究成果，其中既有经典文献，又有最新的学术成果，以期帮助大家把握拉丁美洲人文研究动态。

（一）人文学学科知识拓展阅读

［意］达维德·多梅尼西编著，张淑伶、李延辉译：《玛雅：太阳的神殿》，河北教育出版社2013年版。

［英］莱斯利·贝瑟尔主编，中国社会科学院拉丁美洲研究所译：《剑桥拉丁美洲史·第三卷：从独立到大约1870年》，社会科学文献出版社1994年版。

王瑞珠编著：《世界建筑史·美洲古代卷》，中国建筑工业出版社2016年版。

郑克鲁、蒋承勇主编：《外国文学史》，高等教育出版社2015年版。

（二）人文学研究方法拓展阅读

［英］安·格雷著，许梦云译：《文化研究：民族志方法与生活文化》，重庆大学出版社2009年版。

［美］欧文·拉兹洛编，戴侃、辛未译：《多种文化的星球——联合国教科文组织国际专家小组的报告》，社会科学文献出版社2001年版。

［美］塞缪尔·亨廷顿著，周琪译：《文明的冲突与世界秩序的重建》，新华出版社1998年版。

［美］塞缪尔·亨廷顿著，周琪译：《文明的冲突》，新华出版社 2017 年版。

张旭东：《全球化时代的文化认同：西方普遍主义话语的历史反思》，上海人民出版社 2021 年版。

（三）拉丁美洲文化拓展阅读

［阿根廷］豪·路·博尔赫斯著，王永年等译：《博尔赫斯口述》，浙江文艺出版社 2008 年版。

陈众议：《拉美文化：发展与困境》，《文汇报》2012 年 6 月 25 日。

陈众议：《全球化？本土化？——20 世纪拉美文学的二重选择》，《外国文学研究》2003 年第 1 期。

董经胜、林被甸：《冲突与融合：拉丁美洲文明之路》，人民出版社 2011 年版。

韩琦主编：《拉丁美洲文化与现代化》，社会科学文献出版社 2013 年版。

郝名玮、徐世澄：《拉丁美洲文明》，福建教育出版社 2008 年版。

［哥伦比亚］加西亚·马尔克斯著，范晔译：《百年孤独》，南海出版公司 2011 年版。

［哥伦比亚］加西亚·马尔克斯、P. A. 门多萨著，林一安译：《番石榴飘香》，南海出版公司 2015 年版。

金桥：《从"恶魔"到"天使"——由阿根廷探戈艺术的发展变迁看南美社会的近现代转型》，《艺术学研究》2014 年第 8 期。

刘文龙、朱鸿博：《全球化、民族主义与拉丁美洲思想文化》，上海辞书出版社 2013 年版。

［秘鲁］欧亨尼奥·陈－罗德里格斯著，白凤森、杨衍永、刘德、齐海燕译：《拉丁美洲的文明与文化》，商务印书馆 1990 年版。

盛力：《二十一世纪初拉美小说初探》，《世界文学》2009 年第 3 期。

索飒：《丰饶的苦难：拉丁美洲笔记》，云南人民出版社1998年版。

徐世澄：《绚丽多彩的现代拉丁美洲文化》，云南大学出版社2017年版。

郑书九等：《拉丁美洲"文学爆炸"后小说研究》，商务印书馆2013年版。

朱凯主编：《西班牙-拉美文化概况》，北京大学出版社2010年版。

朱景冬：《21世纪的拉美小说研究》，中国社会科学出版社2019年版。

李德恩：《多元化的拉美文学与拉美文化》，《深圳大学学报（人文社会科学版）》2011年第5期。

六、思考

结合所学知识，试分析为什么拉丁美洲人文具有混合性特点？

结合所学知识，选择一个拉丁美洲国家人文领域的具体案例，分析其表现出的世界性和民族性。

第二章 拉丁美洲历史：从殖民地到"新世界"的进程

一、拉丁美洲历史概况

拉丁美洲历史上出现过纠纷和对立的情况，但为了生存而形成的合作最终促成各种文化的融合。拉丁美洲大部分地区是由殖民地人民通过革命摆脱殖民宗主国统治而实现独立的，主要语言为西班牙语和葡萄牙语，各国制度相似，在经济发展和政治地位提升上面临着相似的问题，各国不同民族间有着相同的利益目标和民族认同感，而这与拉丁美洲历史发展进程中的殖民化不无关系。

（一）西班牙殖民美洲

西班牙和葡萄牙是欧洲环球探险和殖民扩张的先驱。16世纪，西班牙在美洲、非洲、亚洲和大洋洲不同地区寻求新的领土。欧洲的殖民扩张有诸多原因，主要原因是欧洲大陆各大国之间为积累资本而进行激烈竞争，资产阶级建立的重商主义为几个世纪后资本主义的到来奠定了基础。此外，西班牙需要找到通往中国和其他东方领土的新的贸易路线，避免从其他敌对势力的领土过境。在此背景下，西班牙在一个幸运的错误中偶然发现了美洲大陆。

15世纪末，哥伦布在卡斯蒂利亚王室的支持下，于1492年抵达美洲大陆。从那时起，西班牙和葡萄牙，以及从17世纪初开始的英国、法国和荷兰，征服了美洲的大部分领土，并开始进行殖民统治。

在一个多世纪里，卡斯蒂利亚王室征服了美洲大陆的北部、中部和南部的大片领土。西班牙的领土最初被划分成两个大的总督辖区：新西班牙和秘鲁。前者首府在墨西哥城，后者首府为利马。后来，随着南方的扩张，又建立了新格拉纳达和拉普拉塔河总督辖区。

西班牙在美洲的占领地幅员辽阔。在加勒比海地区，它支配着古巴、海地、波多黎各、牙买加，包括其加勒比海属地内的佛罗里达半岛。以安的列斯群岛为据点，又成功扩展到整个美洲大陆。在北美洲，西班牙征服阿兹特克帝国，即现今的墨西哥，在那里建立了城市。此外，还与特拉斯卡拉人、塔拉斯科人和米斯特克人等土著部落形成一个混居社会。后来扩展到整个中美洲，征服了玛雅部落和巴拿马土著部落。从巴拿马开始，又征服了南美洲的安第斯地区到今天的智利中部地区。

与其他地区的殖民化一样，西班牙对美洲大陆的征服包括军事占领和对殖民地政治、社会和经济的控制。殖民化促进了当地农业、采矿业和商业的发展，还促成新城市的建立。王室通过向美洲派遣无数来自不同宗教团体的传教士，促进对原住民的福音传播，建立了教堂、学校、医院，甚至大学，其中就包括拉丁美洲最古老的大学——利马国立圣马科斯大学，以及墨西哥皇家教廷大学（现墨西哥国立自治大学）。

西班牙试图在新大陆的领土上重建与当时西班牙几乎相同的政治系统、意识形态和宗教社会。随着文化和宗教的同化，西班牙语逐渐被引入，天主教成为官方宗教。随着时间的推移，原住民、撒哈拉以南非洲人和欧洲人共存，历史上第一次产生了大量的混血人口，并对拉丁美洲文化造成巨大而深远的影响。

另外，西班牙使美洲文化源起的食物得以在全世界范围内传播，其中包括玉米、红薯、南瓜、西红柿、巧克力、花生、香草、辣椒、鳄梨、口香糖和烟草等。

简而言之，西班牙的殖民统治对被殖民领土产生的重要影响突出表现为以下几个方面：第一，天主教的扩张及其在西班牙语美洲地位的确立，以及西班牙语在西班牙美洲殖民地被作为官方语言。目前，西班牙语是世界上使用人数排名第三的语言，仅次于汉语和英语。第二，孕育了拉丁美洲的文化大熔炉，欧洲、拉丁美洲和非洲多元文化在这里混合。第三，欧洲的启蒙思想传到西班牙美洲殖民地。在西班牙帝国衰落期间，西班牙美洲殖民地爆发了独立战争，最终将殖民地的控制权从西班牙帝国手中永远夺走，从而产生今天的西班牙语美洲国家。

（二）葡萄牙殖民美洲

葡萄牙是较早在美洲建立殖民地的欧洲国家之一。葡萄牙探险家为其他帝国对拉丁美洲的进一步开辟和探索奠定了基础，发挥了重要作用。此外，葡萄牙占领的领土没有被分割成较小的殖民地，这使巴西得以成为一个统一的区域性大国。

葡萄牙曾经试图在非洲建立殖民地，但1437年葡萄牙军队在摩洛哥丹吉尔的失败促使其越来越专注于海上勘探。1494年，《托尔德西里亚斯条约》让葡萄牙不知不觉地获得后来被称为巴西的土地。

葡萄牙阿维什王朝君主若昂三世于1534年在巴西开启了葡萄牙殖民时代，将巴西划分为15个区域，每个区域的土地长度大约为241公里，并延伸到某些内陆地区。这些土地授予是世袭的，君主制带来新的殖民贵族阶级。除了皇室的垄断之外，各领地对其管辖范围内的贸易和税收都有控制权。

当地人和葡萄牙人之间起初是合作关系。然而，领土划分和授予最终导致葡萄牙人和当地人之间的武装冲突。此外，糖业种植需要大量劳动力，而劳动力需求加速了奴隶贸易在美洲的进程。1534年，葡萄牙开始将罪犯作为劳工运送到巴西，但数量相对较少，无法满足其需求。1559年，王室正式批准向巴西贩卖奴隶，奴隶贸易急剧增加。1570年，巴西约有3000名奴隶，到1600年约有1.5万名，到1650年有超过2万名。贩卖到美洲的42%的奴隶都被运往巴西，比任何其他单一殖民地都多。[①]

葡萄牙和西班牙之间长期存在殖民冲突，欧洲的政治斗争加剧了这种冲突。1580年，葡萄牙和西班牙开始了哈布斯堡王朝统治下的双重君主制时期。双重君主制一直持续到1640年，这一时期的特点是两国之间的帝国紧张局势有所缓和。此后，拉普拉塔河周边地区的紧张局势再度升温。葡萄牙人于1680年在西班牙声称拥有主权的土地——萨克拉门托上建立了一个定居点，远远超出《托尔德西里亚斯条约》所确立的葡萄牙帝国的西部边界。萨克拉门托也成为走私货物进出西班牙领土的枢纽。

1726年，西班牙在葡萄牙声称拥有主权的领土上建立蒙得维的亚进行反击。1750年的《马德里条约》确定了西班牙和葡萄牙帝国在美洲的边界，但并没有完全结束两国之间的殖民冲突。1776年，西班牙派出一支庞大的军队阻止葡萄牙入侵其在河床地区的领土。

在17世纪初，荷兰人成为葡萄牙在美洲的主要竞争对手。荷兰和葡萄牙之间的冲突起源于双重君主制时期，恰逢荷兰掀起反对西班牙人争取独立的斗争。从16世纪初期，荷兰多次入侵巴西殖民地。荷兰于1624年占领了巴西的殖民地首府萨尔瓦多和其他城镇，断断续续的冲突一直持续到1661年双方签署了持久和平协议。在与荷兰的战争期间，葡萄牙和英国是盟友，并在1642年、1654年和1661年签署的一系列条约中授予英国在葡萄牙殖民地的商业和贸易特许权。

1807年，法国统治者拿破仑通过西班牙入侵葡萄牙。为了躲避前进的法国军队，玛丽亚一世女王的儿子若昂六世和他的亲信在英国人的帮助下逃往巴西，将大约1.5万葡萄牙人转移至巴西，里约热内卢因此成为葡萄

[①] Romero Jorge Rodríguez, "Manual de los Afrodescendientes de las Américas y el Caribe," Mundo Afro, Uruguay, 2006, p. 15.

牙帝国的新首府。即使在葡萄牙从法国军队中解放出来之后，里约热内卢仍保持着君主制。

1816年玛丽亚一世去世，若昂六世继任国王之后，巴西从总督辖区升格为王国，与葡萄牙王国一起成为史称葡萄牙·巴西·阿尔加维联合王国的一部分。之后，若昂六世越来越追求权力集中，在1816年发起对乌拉圭的侵略战争，但以失败告终。最终，巴西在1817年爆发了一系列武装革命。在这场反抗葡萄牙的斗争中，伯南布哥人民走在斗争的前列，因而其又被称为伯南布哥革命。虽然起义失败了，但它严重破坏了君主制。1820年，葡萄牙发生军事叛乱，迫使国王回归，而共和派叛乱则在巴西蔓延。

1821年9月，葡萄牙议会废除了巴西作为一个独立王国的地位，并派遣军队支持殖民政府。若昂六世的儿子佩德罗担任摄政王，领导起义并于1822年9月7日宣布巴西独立。随后，他建立了一个新的帝国政府，自称巴西皇帝佩德罗一世。

二、拉丁美洲断代史

拉丁美洲历史的发展进程按照时间和社会特点大体可以分为五个阶段：前印第安文明时期、封建制度中的印第安文明殖民时期、从封建殖民统治到依附性资本主义的过渡时期、第二次世界大战时期和古巴革命胜利后的时期。

（一）前印第安文明时期

这一历史时期从人类到达美洲算起，一直延续到欧洲人入侵，至少有5万年时间。在这段漫长的时间里，出现了人类定居，形成一个具有不同社会经济发展水平的印第安文明。

在欧洲人发现美洲大陆之前，美洲各地区的发展阶段各异。在整个所谓的"新世界"，生活着无数土著群体，他们中的大部分仍然处于社会进化的第一步，而其他群体如玛雅、印加或阿兹特克等，其社会经济已经发展到新的阶段。以玉米为代表的多种作物的种植与栽培，使美洲成为世界农业文明摇篮之一；建筑艺术中，太阳金字塔的恢弘令人瞩目，是世界建筑艺术史中浓墨重彩的一笔；纳斯卡荒原巨画充满神秘色彩，时至今日仍吸引大量学者对其进行探究与破解。

拉丁美洲古老的印第安文明与东半球大部分其他古文明一样，把农业作为支柱产业。但不同的是，其生成区域是山地、高原和森林等恶劣的地理环境，他们刀耕火种已久，无牛无马无车无犁，甚至到西班牙入侵之时，仍用旧石器工具进行生产，却在很多方面取得了可与东半球各地区文明相媲美的骄人成就。

印第安文明是多元而复杂的，美洲究竟生活着多少印第安人，由于没有明确的统计数字，至今仍无结论。印第安文明的历史特征是在一个漫长而缓慢的进程中形成的。印地安人在特殊严酷地理环境下，在相对丰饶的精神世界与相对贫乏的物质世界构成的极大对比中，创造了其独特的文明历史。

（二）封建制度中的印第安文明殖民时期

美洲的发现、征服和殖民化是资本主义黎明时期的一个现象，是由西班牙和葡萄牙新兴商业资产阶级的利益驱动的。对"新世界"金银矿藏的开采是资本原始积累和生产力超常增长的基本因素之一，在内部条件成熟的地区促成资产阶级生产关系的最终胜利。然而，资本主义无法在伊比利亚人对美洲大陆的统治中体现它的特征，于是产生了一种从根本上基于奴隶制的异质社会秩序。

1492—1580年是欧洲入侵、征服和殖民的开始。虽然商业资本在西班牙和葡萄牙的扩张过程中发挥了重要作用，但除了对巴西进行了短暂的影响外，其并没有给殖民地带来资本主义特征，也没有促进商业网络的建立。因此，西班牙人和部分葡萄牙人对美洲大陆的入侵，保持在晚期封建主义扩张运动的范围内，其社会经济动态在很大程度上由王室的利益决定，他们是征服和殖民化的主角。这个过程导致一部分土著人口的灭绝，另一部分被缓慢地同化，或以零散边缘群体的方式生存。虽然扩大的混血群体有助于种族同质化，但日益扩大的阶级分化和伽斯塔种姓制度又强化了社会的异质性。

在伊比利亚美洲社会的形成过程中，有两个重要的外部影响因素：欧洲封建主义向资本主义的流动，以及世界市场对美国的依赖。尽管西班牙和葡萄牙存在着相似的社会经济体系，具有资本主义胚胎的某些特征，但这两个国家在西半球进行的殖民从一开始就各不相同。

西班牙和葡萄牙的殖民过程可以分为三个阶段：第一阶段（1492—1519年）为地理上的探索，包括哥伦布发现美洲新大陆以及《托尔德西里亚斯条约》的签署；第二阶段（1519年至16世纪末）主要是征服安第斯地区；第三阶段则是对其他领土的征服。此后多年，西班牙和葡萄牙对殖民地的无情开发和剥削导致殖民地原住民和文化的流失。

（三）从封建殖民统治到依附性资本主义的过渡时期

从殖民封建主义到资本主义的漫长而痛苦的过渡延续了100多年。尽管资本主义关系的根源在殖民时代就已经消失了，但可以认为，西班牙和葡萄牙在这块大陆上的大部分属地的独立，为全面实施新的生产关系扫清了障碍。

拉丁美洲的解放是在18世纪末欧洲资产阶级反封建观念的影响下，在世界范围内开始的革命周期的一部分。在1791年以海地革命作为开始的独立运动前，英国在北美的13个殖民地获得解放。而延续至1826年的反殖民战争，是由1789年的法国大革命推动的。事实上，除了1789年的法国大革命外，拿破仑后来对西班牙和葡萄牙扩张所产生的政治危机，也促进了这场反殖民战争进一步发展。欧洲资产阶级革命的开始使独立问题成为拉丁美洲的当务之急。

在美洲的欧洲殖民地存在尖锐的社会和种族矛盾，这在安的列斯地区表现得最为突出。在这里，种族和社会地位之间的一致性释放出明显的种族冲突，这种冲突起源于深刻的阶级矛盾。1791年，杜桑·卢维杜尔领导的奴隶革命爆发，海地最终在1804年建立了拉丁美洲第一个独立国家。

（四）第二次世界大战时期

1929—1933年的资本主义危机开启了拉丁美洲历史的新阶段。这场金融、工业和商业灾难首先影响了与国际市场关系最密切的拉丁美洲国家。出口数量的下降、进口能力的急剧收缩以及随之而来的财政赤字，动摇了以农产品出口寡头垄断为基础的社会经济秩序。对外部门的崩溃和国家收入的突然下降打击了工人阶级、农民和其他中产阶级，造成大规模失业、普遍就业不足和工资水平下降。

在大萧条的影响下，一系列民族主义运动、农民起义和革命尝试在拉丁美洲蓬勃发展。另外，南美洲是法西斯发展最为迅速的地方。由于众多德国殖民地的存在，纳粹德国在经济、商业和意识形态方面对南美洲国家进行渗透，尤其是对智利和巴西。

毫无疑问，在第二次世界大战前几年里，对美国在该地区优势地位的最大威胁来自希特勒领导的德国。1938年，德国在拉丁美洲的市场占有率排名第二，仅次于美国。当年，德国出口了拉丁美洲消费的所有商品的16.9%，进口了拉丁美洲地区17.9%的原材料和农产品。德国在南美洲的一些国家商业活动频繁，巴西进口了37%的德国商品，智利则进口了

26%，德国甚至开始控制南美洲所有的航空运输。①

面对德国日益增强的渗透，同时为了刺激与因1929年经济危机影响而恶化的与拉丁美洲国家的经济和商业关系，美国向被其称为"好邻居"的拉丁美洲推行了一项新政策——睦邻政策。撇开外交和政治影响，睦邻政策包括建立配额制度、签署"互惠条约"、鼓励北美资本投资以及建立信贷机构等。所有政策都促进北美霸权在拉丁美洲地区的进一步稳固。

随着第二次世界大战的爆发，1939年拉丁美洲成为英国和德国之间壮观的海战现场，导致"格拉夫·斯佩"号在拉普拉塔河口沉没。随着大多数拉丁美洲国家与美国结盟，法西斯势力迅速衰落。少数例外之一是阿根廷，一群同情纳粹德国的右翼士兵于1943年6月夺取政权，采取一系列专制措施，并确立了阿根廷在世界冲突中的中立地位。作为报复，1944年1月，一支美国部队封锁了布宜诺斯艾利斯港，直到迫使军政府与法西斯轴心国决裂并举行选举。在这一时期，拉丁美洲充当了"盟军后卫"的角色，为普通民众提供原材料和食物，并承诺在未来给予优惠待遇。

从1947年开始，拉丁美洲掀起一股强烈的由美国直接推动的民主化浪潮。不久之后，1948年4月，在波哥大举行的第九次美洲会议促成美国的计划，即形成一个为美国服务的政治军事集团，并确定了"遏制共产主义"的路线。

（五）古巴革命胜利后的时期

20世纪50年代初期，拉丁美洲的北美统治体系开始破裂。1959年1月1日，古巴革命结束了巴蒂斯塔的独裁统治，标志着拉丁美洲新历史纪元的开始。

菲德尔·卡斯特罗领导的古巴革命取得胜利，构成拉丁美洲历史上的

---

① Guerra Vilaboy, Sergio, "Etapas y Procesos en la Historia de América Latina," Instituto de Investigaciones Histórico-Sociales: Universidad Veracruzana, 1997, pp. 26 – 27.

决定性转折点。古巴革命有利于拉丁美洲摆脱北美控制和实现反帝国主义目标,完全恢复国家主权,根除剥削,建立一个更加公正的社会。拉丁美洲和加勒比地区的解放运动空前兴起。

总体而言,20世纪60年代开启了拉丁美洲社会和政治大繁荣时期,其特点是革命和反帝国主义斗争、强大的工人斗争、农民阶层的觉醒、边缘群众战斗精神的提升和广泛的学生动员。与此同时,资产阶级呼吁,要与美国达成新协议。教会方面,真正的革新潮流蓬勃发展,为革命斗争发声,解放神学就是其中的代表。

随着经济危机的不断恶化,拉丁美洲人民的革命和反帝意识逐步觉醒。外国资本利润不断汇出,导致贸易条件日益恶化、资源流失,不断增长的外债利息成为困扰拉丁美洲各国经济发展的严重问题。随着社会主义在古巴的巩固及其对拉丁美洲大陆日益扩大的影响,美国对古巴更加敌视,并发动猛烈的反革命攻势。

20世纪60年代后期,古巴革命和民族主义兴起的最显著特征和成果是人民团结的胜利。这一胜利果实蔓延到拉丁美洲其他各个国家,其中的标志性事件为萨尔瓦多·阿连德在1970—1973年担任智利总统。

三、拉丁美洲历史特点

纵观拉丁美洲历史,殖民化下的多民族社会、融贯始终的革命运动和强烈的反美主义三大特点是拉丁美洲历史发展进程中不可忽视的重要特征。

(一)殖民化下的多民族社会

南美洲和中美洲很早就被殖民化了。先是西班牙人遵循卡斯蒂利亚的传统选择在村庄定居。不到一个世纪后,葡萄牙人在巴西采取同样的做法。英国人和法国人直到16世纪才开始在北美和加勒比地区开展业务。这些基本事实足以说明对欧洲海外殖民化轻描淡写的概括是荒谬的。事实上,拉丁美洲历史上的重大事件几乎都与殖民因素相关。

以西班牙和葡萄牙为首的欧洲文化入侵就是殖民拉丁美洲带来的后果之一。出于移民美洲的野心,大量西班牙移民进行了大规模长途迁移,是19世纪后半叶规模最大的一次,也是历史上第一次大规模迁徙。1500—1650年,到达美洲的西班牙人约为45万,其中超过1/3是女性。[1] 这些西班牙女性与当地原住民结合成为融合家庭,为引入欧洲文化作出了巨大贡献。

1500—1650年,可能有超过20万非洲奴隶抵达拉丁美洲。然而,这个数字远低于19世纪前期抵达巴西的近250万。[2] 可以确定的是,非洲文化的引入给拉丁美洲的民族和文化带来了新鲜血液。

在拉丁美洲,种族混合产生了复杂的多种族社会。起初,种族成分在其分层结构中具有极其重要的地位。但到1800年,它被阶级成分所取代。在中美洲和安第斯山脉的一些地区,由于与西班牙人接触之前的人口密度较高,美洲印第安人的遗传优势得以显现。尽管他们的"文化"也逐渐吸收了许多欧洲的特点,但他们的母语得以保留。

尽管种族不同,但印第安人和非洲人后裔仍然是最贫穷和最受虐待的阶层。在第一次世界大战结束时,曾出现一个支持土著的政治和文化运动,但它对社会和政治现实的影响非常有限。由于19世纪末至20世纪初的大规模移民,拉丁美洲最南部的居民几乎都变成了欧洲人。在拉丁美洲的600万欧洲人当中,绝大多数在南美洲的南部和东部,他们选择在巴西、

---

[1] Williamson, J. G., "History Without Evidence: Latin American Inequality Since 1491," NBER Working Papers, 2009, pp. 54 – 55.

[2] Donghi, Tulio Halperín, "The Contemporary History of Latin America," Duke University Press, 1993, p. 40.

阿根廷或乌拉圭的温带地区居住。[①]

可以说，虽然欧洲、美洲、非洲文化在拉丁美洲大陆得以融合发展，但拉丁美洲一直坚定地保持着欧洲文化特性。自从被征服以来，它一直被白人统治者统治（海地除外），这是拉丁美洲与其他殖民国家和地区之间最显著的区别。

（二）融贯始终的革命运动

自哥伦布发现美洲以来，殖民者对资源的掠夺和反复的武装革命构成拉丁美洲历史的重要主题。事实上，拉丁美洲的独立进程和革命历史是这块大陆自18世纪末至今最有影响力的部分。

进入20世纪以来，拉丁美洲大陆至少发生了四次重要革命，分别是1910年开始的墨西哥革命、1952年的玻利维亚革命、1959年初获胜的古巴革命、1979年的尼加拉瓜革命。

墨西哥发生反对波菲里奥·迪亚斯专制统治的资产阶级民族民主大革命，推翻了迪亚斯的专制统治，由资产阶级宪政自由派把持政权。墨西哥革命开启了拉丁美洲现代史，极大地影响了墨西哥及拉丁美洲新文化的形成与发展。伴随着美国逐渐向拉丁美洲政治、经济、社会、军事及文化等领域的全面渗透与扩张，并不断强化对拉丁美洲霸权统治，拉丁美洲民众反美反独裁的斗争不断走向高潮。20世纪50年代中期至70年代末，拉丁美洲地区爆发了大规模的反对美帝国主义殖民主义残余势力、反对"和平演变"战略的武装革命。这一时期也成为拉丁美洲民族解放的重要时期。在这一背景下，拉丁美洲民族民主运动应运而生。它具有外抗强权、内争民主、巩固民族独立、发展民族经济的特征。玻利维亚革命、古巴革命、危地马拉革命，以及这一时期拉丁美洲其他国家爆发的一系列革命运动，

[①] Donghi, Tulio Halperín, "The Contemporary History of Latin America," Duke University Press, 1993, p.121.

均是拉丁美洲民主运动独立意识的代表。

与此同时,从20世纪末开始,意识形态的变化在拉丁美洲大陆悄然发生。整个拉丁美洲大陆开始对革命进行大范围的军事镇压,使人们对激进变革的兴趣大大降低。社会和人文科学重新进入人们的视野,公民权、治理和民主成为主旋律。

进入21世纪以来,拉丁美洲正处于思考革命概念的新时代。以前用来设计革命进程的范畴值得反思,因为它们并不完全适合当代发展状态。

(三)强烈的反美主义

拉丁美洲的反美主义起源于宗教:保守团体和教会对新教信仰和文化渗透的防御性恐惧。以墨西哥为例,虽然1846—1848年的美墨战争带来颠覆性改变,但事实上,19世纪下半叶墨西哥的自由主义者在某种程度上仍然崇拜美国。看上去,共和主义和民主思想比这个国家的民族主义情绪更强烈。类似的情况也发生在非洲的进步精英中。1851年,阿根廷伟大的政治家、教育家和作家多明戈·福斯蒂诺·萨米恩托在一本著名的美国旅行日记中看到美国的未来地位:文明对野蛮的胜利。

拉丁美洲国家联合起来通过战争反对美国,并与西班牙和解,除古巴外,其他国家都获得独立。当时,拉丁美洲的自由主义者开始与天主教徒和保守派合并,试图重新定义伊比利亚美洲民族主义——一种不仅与美国不同,而且积极反对美国的社会和文化。

在拉丁美洲历史上,美国的政治、外交、经济和军事渗透是灾难性的。冷战开始后,伊比利亚美洲民族主义转向马克思主义的各种流派。许多人把贫穷和不平等归咎于美国的存在,并认为社会主义是一种替代方案。

美国最终失去作为民主价值观来源的信誉。历史学家丹尼尔·科西奥·比列加斯在1947年预言:"拉丁美洲将因动荡而沸腾。在绝望的情绪和强烈的仇恨的驱使下,这些曾经表面上顺从的国家将不惜一切代价鼓励美国的对手。"① 古巴革命验证了这一预言，整个拉丁美洲大陆开始了强烈的反美主义浪潮。在拉丁美洲的大学课堂、报纸、书籍和杂志中，对帝国主义意识形态的仇恨已经成为普遍现象。尤其是对古巴来说，反美主义是其生存的最好武器。

四、拉丁美洲历史典型案例

在 1492 年西班牙和葡萄牙的冒险家踏上拉丁美洲大陆前，印第安人在这片土地上劳动生息，创造了辉煌璀璨的文明。而从哥伦布发现美洲开始，殖民者掠夺资源、反复的革命与镇压、根深蒂固的宗教思想就成为拉丁美洲历史的三大主题。以下选取拉丁美洲历史上具有代表性的四个典型案例：玛雅文明消失之谜、拉丁美洲独立战争、美墨战争和古巴革命，以探究和分析拉丁美洲历史的发展背景和独特性。

（一）玛雅文明消失之谜

1. 案例背景

提起玛雅文明，多数人首先想到的一定是 2012 世界末日预言。事实上，早在公元 5 世纪时，玛雅人已经发现人类最早使用的文字——古巴比伦的《汉谟拉比法典》。然而，关于玛雅文明到底是什么样子，人们却知之甚少。其实，世界末日只是人们对玛雅文明"神奇"或"可怕"的认识。

玛雅文明是指在世界上出现较早、影响较大的文明——现代墨西哥、

---

① Edward O. Elsasser, "Change in Latin America: The Mexican and Cuban Revolutions by Daniel Cosío Villegas," The Americas, Vol. 18, No. 4, 1962.

危地马拉、洪都拉斯、萨尔瓦多和伯利兹等地的丛林中的文明。它产生在公元前1500年左右的印加人和阿兹特克人的文化交流中,并迅速传播到整个美洲。玛雅文明以其独特的历史地位、丰富多样的文化内涵和无与伦比的艺术成就而闻名于世。玛雅文明对整个拉丁美洲乃至全世界都产生了重大影响,甚至可以说已成为世界文明史中一个重要组成部分。拉丁美洲大陆神秘灿烂的玛雅文明的消逝,是迄今最令人难以置信的事件。

2. 案例正文

在美洲大陆各地的印第安人中,仅玛雅人留下了文字记录。不过玛雅文明是个神秘并让人困惑的文明,以至于时至今日,仍有一些人相信玛雅文明是外星人遗留下来的。这一问题产生的根本原因就是玛雅人有十分辉煌的文明成果但生产力发展水平却极为落后。

玛雅人在天文历法、建筑和数学等方面颇有造诣,堪称古文明的最高水平。玛雅人虽然没有望远镜,但他们了解天体运行的准确周期且与现代极其接近。例如,玛雅人计算出太阳年长度是365.2420日,现代精确测量值是365.2422日。玛雅人计算月亮环绕地球一圈运行了29.5302日,现代科技测量结果是29.530588日。[①]

然而,拥有璀璨文明的玛雅人,其生产力发展水平却异常滞后。农业上,玛雅人采取最原始的刀耕火种,不施肥、不耕田,全靠天收。农作物以玉米为主,因此玛雅文明有时又被称作"玉米文明"。玛雅人很少从事畜牧业,也不驯养马、牛、驴和其他大型家畜。玛雅人驯养的最大的生物是狗,但狗既无力耕田,又不能当坐骑。此外,玛雅人也未发明圆轮子。

玛雅人极落后的生产力水平与极辉煌文明成果之间的冲突,使历史学家感到困惑。按照通常的理解,玛雅人很难在如此落后的生产力水平上创造出这样辉煌的文明,加之玛雅文明的消逝一直是个谜,因而玛雅文明是

[①] Fischer, Edward F., R. McKenna Brown, "Activismo Cultural Maya," Cholsamaj Fundacion, 1999, pp. 12-13.

被外星人遗留下来的说法开始大行其道。

3. 案例分析

远古时期的玛雅人在没有金属工具和运输工具的条件下，在茫茫无边的热带丛林中给后人留下众多巍峨耸立的金字塔神庙，宏伟壮观的宫殿，庄严肃穆的祭坛，雕工精细、意蕴深刻的石碑，以及精密的数学计算方法与历法系统。

随着玛雅文明的消逝，曾经的辉煌成为历史的记忆。时至今日，玛雅文明走向衰败依然是未解之谜。关于这一谜题的解释主要有以下几种说法：

一是玛雅人遭受了巨大的自然灾害。玛雅文明生存的地区时至今日仍饱受地震、台风等自然灾难侵扰，因而有学者猜测玛雅文明的消失可能与这些自然灾害有关。

二是玛雅人经历了瘟疫。历史上，许多文明和部落都没能抵挡住瘟疫的侵害，在医学还不发达的情况下，瘟疫传播性强、致死率高，对于玛雅人的打击可能是致命的。

三是前文中提到的外星人论。这一说法主要是基于玛雅文明的高度发达与其无法解释的神秘消失而产生的推论。

（二）拉丁美洲独立战争

1. 案例背景

拉丁美洲独立战争指的是18世纪末至19世纪在拉丁美洲发生的一系列西属美洲对西班牙帝国的战争，是拉丁美洲历史上浓墨重彩之笔。在法国大革命（1789—1794年）、美国独立战争（1775—1783年）和海地革命（1791—1804年）影响下，许多拉丁美洲殖民地兴起独立运动。

2. 案例正文

尽管费尔南多七世的复辟,让西班牙军队的专制主义再次控制了南美洲的大部分领土。但在随后的1820—1823年间,自由主义的胜利掀起新的独立浪潮,这得益于从西班牙派遣的军事增援部队没能到达美洲大陆,独立主义者借机将西班牙人驱逐出拉丁美洲。

巴西的独立始于法国军队对葡萄牙的入侵。在英国军队的帮助下,若昂六世带着妻子华金娜和其他王室成员逃往巴西。王室的到来意味着殖民地地位的改变。随后,殖民地进行了一系列改革,开放港口与所有国家进行贸易,结束葡萄牙的垄断地位,建立政府机构(国务委员会、法院等)。随后,若昂六世返回,留下他的儿子佩德罗担任巴西的摄政王。但君主回归葡萄牙意味着巴西的地位受挫,巴西再次被视为殖民地。这种不满情绪转化为对独立的要求,最终巴西于1822年实现独立,佩德罗王子成为皇帝,葡萄牙军队被驱逐出巴西。

尽管每个殖民地的独立过程不同,但它们仍然具有一系列共性:这一进程大多由克里奥尔人领导;在这个漫长而复杂的过程中,拉丁美洲殖民国家不仅要与西班牙人交战,还面临着与美国人之间的对抗;其独立进程与西班牙革命密切相关。

3. 案例分析

拉丁美洲殖民地独立的一个后果是垄断的终结,拉丁美洲市场向世界开放。这一变化的最大受益者是英国,它能够通过向拉丁美洲市场供应制成品来自由进入拉丁美洲市场。

战争的另一个后果是劳动力的减少和奴隶的解放。尤其是在委内瑞拉和阿根廷,随着劳动力的减少和奴隶制的废弃,畜牧业开始兴起。另外,由于资本撤出,矿业遭受重创,废除旧的剥削制度也间接导致利润损失,只有智利抵挡住了这种矿业衰退产生的影响。

社会体制上也发生了巨大的变化。独立的果实主要体现在所有公民的平等上。阶级社会中新的区分元素是财富。然而，这种变化并没有导致真正的社会变革。原本的精英阶层仍然保持着他们的社会地位。

独立进程中最重要的因素是具有独立性的新国家的出现。然而，这些国家的政治制度很快就与自由主义拉开了距离，转向威权主义。一方面，由于新国家是在军事支持下诞生的，战争背景使得权力必须集中以争取胜利；另一方面，上层阶级担心独立进程会导致革命运动，因此他们选择了专制的政治制度来保护自身的利益。

西班牙和葡萄牙的殖民统治是建立在对印第安人和黑人劳动力的残酷剥削基础上的，这决定了拉丁美洲殖民模式蕴含着深刻的内部矛盾。西班牙为了加强在拉丁美洲的殖民统治，对殖民地人民进行残酷剥削。当地居民不仅受到歧视，还受到殖民者的非人道屠杀。从18世纪末到19世纪初，反对西班牙殖民统治的起义达到顶峰。这场独立和解放战争在美洲地区乃至人类历史上都具有特别重要的意义，是世界历史上影响深远的殖民解放战争之一。这场战争摧毁了西班牙在拉丁美洲的殖民统治，沉重打击了奴隶制度和封建制度，为资本主义的发展创造了有利条件。独立和解放战争的胜利促进一系列民族独立国家和资产阶级共和国的建立。此外，在殖民统治时期，许多垄断制度被废除，拉丁美洲国家获得快速发展的机会。

（三）美墨战争

1. 案例背景

美墨战争的爆发主要有以下几个原因。首先是墨西哥政局长时间不稳定，自由派和保守派之间进行频繁的军事对抗。其次是当时美国充斥着扩张的思潮。最终，美国于1845年12月29日吞并了得克萨斯共和国，使其成为美国第28个州，这也是美墨战争的直接导火索。

2. 案例正文

1845年11月，美国詹姆斯·诺克斯·波尔克总统派外交官约翰·斯莱德尔前往墨西哥谈判修改边界事宜，以换取美国政府承认美国公民对墨西哥的主张，并提出要购买加利福尼亚州和新墨西哥州。墨西哥当局拒绝与斯莱德尔谈判。与此同时，扎卡里·泰勒将军率领的美国军队向北里奥格兰德河口推进（得克萨斯州将其视为南部边界）。墨西哥声称纽埃塞斯河（北里奥格兰德河东北部）才是其真正边界，认为泰勒军队的行动是侵略行为，因此在1846年4月，墨西哥向该地区派兵。波尔克总统认为墨西哥的进攻是对美国领土的入侵，并游说国会于1846年5月13日正式向墨西哥宣战。墨西哥方面则于1846年7月向美国宣战。

美国的军事行动计划包括三个重要进程：泰勒所率领军队入侵墨西哥北部，斯蒂芬·沃茨·卡尼上校率领的军队占领了新墨西哥和加利福尼亚，最终封锁墨西哥海岸。甚至在正式宣战之前，泰勒就已经在帕洛阿尔托战役和雷萨卡德拉帕尔马战役中击败了墨西哥军队，迫使其向北里奥格兰德撤退。直到那时他才进入墨西哥，于1846年5月18日占领了墨西哥塔毛利帕斯州的马塔莫罗斯，9月24日征服了蒙特雷，并在顽强的布埃纳维斯塔战役中与安东尼奥·洛佩斯·德·圣安纳将军和总统指挥的墨西哥军队对抗。卡尼上校率领的军队占领了现在的新墨西哥州，并进入加利福尼亚州，参与了对该州领土的征服。在美国约翰·德雷克·斯洛特上尉和约翰·查尔斯·弗里蒙特上尉的指挥下，加利福尼亚宣布脱离墨西哥独立，并于1848年被宣布为美国领土。

1848年2月2日，美国和墨西哥签订了《瓜达卢佩-伊达尔戈条约》，墨西哥失去了一半以上的原始领土。北里奥格兰德成为得克萨斯州的南部边界，而加利福尼亚州和新墨西哥州则被割让给美国。作为回报，美国向墨西哥支付了1500万美元，同时免除墨西哥欠美国的325万美元债务。

与美国的战争意味着墨西哥失去了超过55%的领土（约240万平方

公里),而美国则吞并了巨大的土地、农业、矿业和石油财富,占领了优良的港口,获得全球战略和地缘政治的主导地位。

3. 案例分析

美墨战争极大地扩张了美国的国土面积,其在西海岸获得的丰富资源和天然港口,也为美国成为超级大国奠定了坚实的基础。而墨西哥丧失了大片领土,从此一蹶不振。

值得注意的是,许多美国人并不认为美墨战争是一种入侵,而是一种对墨西哥的防御。美墨战争前夕,《美国杂志与民主评论》发表了臭名昭著的《兼并》一文,明确提出"天定命运"理论。[①] 诸如此类的言论无一不证明着美国对于土地的渴望。独立后,美国一直把整个美洲作为战略目标。这场计划已久的战争诞生了世界上最大的领土割让条约。墨西哥崩溃,美国成为北美的终极霸主,定义了现代美国的版图,也为美国随后的工业崛起奠定了资源基础。

在随后的几百年里,美国逐渐通过政治、经济和军事手段控制了整个美洲大陆。直到今天,美国的扩张主义也并没有消失,而是转变为另一种形式存在,美国的目标也转向全世界。

(四)古巴革命

1. 案例背景

古巴位于加勒比海西北部,是西印度群岛最大的岛国,于 1492 年被哥伦布发现,此后一直是西班牙的殖民地。加勒比地区乃至整个美洲大

---

① 《美国杂志与民主评论》的创刊人兼主编约翰·奥沙利文在 1845 年提出的所谓"天定命运"的扩张主义理论。

陆，长期以来被美国视为自己的"后院"。① 到20世纪50年代，美国实力已超越衰落的英国，并抓住机遇成为当时的世界强国。古巴作为加勒比海的岛国，自然而然地落入美国的"怀抱"，当时古巴与美国关系十分密切，政府上台后又宣布了一系列措施，包括禁止工人集会和废除一系列有利于工人阶级的法律，将古巴国有资产卖给美国。这种背叛自身国家利益的行为，显然给已经处于危机边缘的国家带来沉重打击，直接导致随后一系列危机的爆发。

2. 案例正文

1956年12月2日，菲德尔·卡斯特罗和他的革命部队乘坐"格拉玛"号在古巴南部登陆。这次远征起初以失败告终，巴蒂斯塔政府传播卡斯特罗死亡的假消息，希望平息该事件带来的影响。然而，卡斯特罗和幸存的20余人重新组织起来进行游击战。与此同时，他们还建立了一个秘密电台，呼吁人们加入他们，共同反抗政府。国际媒体也听到游击队运动的声音，很快，卡斯特罗和他领导的武装斗争赢得古巴人民的同情。

1959年1月1日，革命部队进入哈瓦那，巴蒂斯塔从岛上逃到美国。游击队上台后，迅速解散了古巴军队，并组建了一个过渡政府，由曼努埃尔·乌鲁蒂亚·莱奥担任总统，何塞·米里奥达纳担任总理。

古巴革命是美洲大陆上的第一次共产主义革命，在国内和国际上都产生了重要影响。古巴革命唤醒了拉丁美洲人民反抗帝国主义、实现民族独立的斗志。20世纪六七十年代，智利、多米尼加、萨尔瓦多、格拉纳达、尼加拉瓜和其他国家的革命，20世纪90年代对新自由主义经济模式的批判高潮，以及21世纪初以来15个拉丁美洲国家的反帝左翼革命浪潮，均

---

① 这个说法指的是美国长期以来将加勒比地区和整个美洲大陆视为其影响力范围之一，类似于"后院"的概念。这种观念源自于19世纪以来的美国外交政策，特别是所谓的"门罗主义"（Monroe Doctrine）。该政策由美国总统詹姆斯·门罗在1823年宣布，"门罗主义"宣称西半球是美国的"特殊利益区"，欧洲国家不应该再来干涉西半球的事务。这个主张被视为美国对拉丁美洲干涉和影响的政策基础。

为拉丁美洲革命斗争被古巴的"灯塔"照亮后的必然结果。拉丁美洲国家开启了最强烈、最猛烈的反帝斗争。

3. **案例分析**

古巴革命爆发的原因可以归纳为以下两点：一是人民的不满情绪。巴蒂斯塔政权的腐败导致古巴人民不满情绪高涨，社会贫富差距越来越大，民众反抗意识日益强烈。二是美国对古巴的干预，导致反美情绪高涨，促使一些政党走向共产主义。

古巴革命激励了各大洲的其他革命运动。古巴革命政府的建立使人们意识到在整个殖民历史中古巴人民的人权受到侵犯。1959年1月1日是世界革命运动的一个里程碑，它标志着古巴人民成功摆脱美国殖民主义的控制。

五、拉丁美洲历史拓展阅读

（一）历史学学科知识拓展阅读

［英］彼得·伯克著，李康译：《历史学与社会理论》，上海人民出版社2019年版。

葛剑雄、周筱赟：《历史学是什么》，北京大学出版社2015年版。

（二）历史学研究方法拓展阅读

［意］贝奈戴托·克罗齐著，［英］道格拉斯·安斯利英译，傅任敢译：《历史学的理论与实际》，商务印书馆1982年版。

李振宏：《历史学的理论与方法》，河南大学出版社1989年版。

(三)拉丁美洲历史拓展阅读

[美]林恩·V. 福斯特著,王春侠译:《古代玛雅社会生活》,商务印书馆 2016 年版。

林被甸、董经胜:《拉丁美洲史》,人民出版社 2010 年版。

芦思姮:《拉美军人:从民族解放英雄到民主进程隐患》,《世界知识》2013 年第 15 期。

徐世澄:《古巴的政治体制改革》,《党政研究》2020 年第 4 期。

六、思考

结合历史与现实,分析古巴革命给古巴的发展带来的影响。

结合拉丁美洲历史特性,分析阻碍和限制拉丁美洲国家当代发展的历史遗留因素。

第三章　拉丁美洲政治：曲折进程中的艰辛探索

一、拉丁美洲政治概况

拉丁美洲政治从独立后至今大致经历了四个发展历程。自独立后，考迪罗制度横行拉丁美洲，对国内民众实行残酷镇压，剥削民众财富，导致拉丁美洲地区经济发展滞后，直到20世纪新兴资产阶级政党上台执政，考迪罗制度逐渐退出历史舞台。20世纪初期，拉丁美洲地区的资产阶级成为统治阶层，开始普遍借鉴欧美民主政治制度的经验并加以实施，同时兴起"民众主义"改革浪潮，反对帝国主义和封建势力。从第二次世界大战结束到20世纪70年代，拉丁美洲国家政治发展呈现出反对独裁和争取民主的共同斗争主题，早期各党派政治斗争频繁，时常出现政权更迭，后期涌现大量军政府实行威权主义统治，同时在经济上积极推动工业化，导致社会矛盾激化并出现游击队活动，加勒比地区殖民地人民争取民族独立和解放的斗争也在这一时期取得重大胜利。自20世纪80年代至90年代末，拉丁美洲国家经历了艰难的民主化进程，包括政治动荡、军事冲突和政党格局变化等，但最终均实现了民主体制稳定和政局和平。

(一) 发展历程

1. 独立后至第一次世界大战结束

考迪罗一词来源于西班牙语"首领"（caudillo），指拉丁美洲在独立战争时期反对殖民统治且拥有强大军事控制权的头领。而在拉丁美洲国家相继获得独立且建立代议制民主制度后，这些军事领袖仍然推行专制统治，逐渐在独立后的拉丁美洲地区形成大大小小由考迪罗所统治的局面。

考迪罗制度作为拉丁美洲地区一种普遍且特有的政治制度，几乎在所有拉丁美洲国家都存在过。其特点是对国内民众实行残酷镇压，对外部环境增添武力部署，以及反复的政府更迭、频发的武装叛乱等。除此之外，考迪罗独裁者的统治时间也不尽相同。考迪罗大量搜刮财富，严重剥削民众，导致拉丁美洲地区的经济发展十分滞后。因此，考迪罗制度的盛行成为长期掣肘拉丁美洲地区发展的痼疾。追其根源，殖民统治、经济发展落后、政治缺乏民主、宗教势力强大、大地产制度等因素，都是考迪罗主义在拉丁美洲地区长期盛行的主要原因。与此同时，拉丁美洲地理环境复杂，不同地区之间存在天然屏障，这导致拉丁美洲地区的地方主义横生，加之历史遗留下来的边界领土纠纷，这些都为考迪罗长期把控拉丁美洲政权提供了有利条件。

独立初期，拉丁美洲地区的资产阶级力量稍显薄弱，与土地寡头集团之间存在明显差距。随着拉丁美洲地区资本主义的不断发展和壮大，从19世纪后期起，拉丁美洲各国的考迪罗制度逐渐分崩离析。从20世纪20年代起，随着一些新兴资产阶级政党上台执政，考迪罗制度逐渐退出历史舞台。①

---

① 赵雪梅主编：《区域国别商务环境研究系列丛书：拉丁美洲卷》，对外经济贸易大学出版社2012年版，第10页。

2. 第一次世界大战结束至第二次世界大战结束

20世纪初期,拉丁美洲地区的资产阶级开始作为统治阶层登上政治舞台。从墨西哥1917年推翻迪亚斯独裁统治开始,资产阶级和土地寡头集团之间的关系发生关键性转变,国家权力不再由土地寡头集团把持。同时,在构建政治制度的道路上,拉丁美洲各国开始普遍借鉴欧美民主政治制度的经验并加以实施,实行普选制、议会制,构建政党制度等。除此之外,一些新兴资产阶级政党和无产阶级政党开始上台执政,拉丁美洲地区的政党政治日趋完善。

这一时期,拉丁美洲的民众主义也开始兴起。在拉丁美洲地区掀起的这波民众主义的改革运动中,阿根廷、墨西哥、委内瑞拉等国纷纷成立倡导民众主义思想的政党。其中阿根廷的庇隆主义、墨西哥的卡德纳斯主义、巴西的瓦加斯主义均为民众主义的典型代表。在这波民众主义改革浪潮中,政治上,不同阶级为了共同目标而建立起多阶级联盟,各政党为了扩大自身群众基础,广泛吸收和动员社会各界人士参与政治,打击地方寡头势力,加强民主制度建设;经济上,政府逐渐加大对经济的干预力度,实行进口替代工业化发展模式,促进经济内循环;社会政策上,政府注重提高民众的社会权利和个人权利,加大对公共事业的投入。

除此之外,拉丁美洲各国开始了反帝反封建的民族民主运动。20世纪20年代,大规模的罢工和示威游行活动开始在危地马拉、墨西哥、阿根廷等国爆发,主要诉求是反对美国对其实施经济剥削和掠夺。尼加拉瓜在桑地诺将军的领导下,与美军和政府军队艰苦斗争了8年,1933年美军被迫撤出尼加拉瓜。

3. 第二次世界大战结束至20世纪70年代

从第二次世界大战结束到20世纪70年代,拉丁美洲国家政治发展进程的特点体现在各党派频繁的政治斗争上,时常出现政权更迭。

从第二次世界大战结束到20世纪60年代期间,墨西哥革命制度党的统治地位得到进一步巩固。智利的政局比较稳定，文人政府继续执政。哥伦比亚在经历了激烈的党派斗争和军事独裁统治后，于1957年确定了两党轮流执政的制度。哥斯达黎加爆发了内战，委内瑞拉发生了军事政变，但两国最终都确立并巩固了民主政治体制。在阿根廷，庇隆创办了正义党，并当选总统，由此开启了声势浩大的民众主义改革。而此时巴西民众主义政府的形势十分严峻，大部分民众主义政府未完成任期就下台了。危地马拉、玻利维亚和古巴都以武装斗争的方式推翻了反动独裁统治，前两者建立了资产阶级民主政府，但因为美国的干涉，所采取的一系列民主改革措施均以失败告终。古巴则建立了美洲地区唯一的社会主义政权。多米尼加、尼加拉瓜两国一直处于家族式独裁政府掌控下。海地独立后，政局动荡，一直未能建立起有效的民主体制，杜瓦利埃在1957年赢得海地大选，建立起家族统治。经历了战后的动荡期，巴拉圭红党的斯特罗斯纳也于1954年当选总统，开始了长达30多年的独裁统治。由此可见，在这一时期，尽管拉丁美洲各国的政治发展呈现出不同特点，但各国共同的斗争主题仍然是反对独裁和争取民主。

但从20世纪60年代开始，拉丁美洲国家先后涌现出一大批军政府，实行威权主义统治。巴西、玻利维亚、智利、洪都拉斯、巴拿马和秘鲁等国都经历了军政府时期，而且，有些国家军政府统治时间之长，超过了以往任何一个时期。首先，这一时期的军政府在政治上和考迪罗制度时期相同，坚持独裁统治，但在经济上却实行市场经济与政府干预相结合的混合经济，积极推动工业化。其次，由于政治、经济和社会矛盾激化，20世纪60年代到70年代，游击队活动覆盖了整个拉丁美洲地区。最后，在第二次世界大战结束后，受到世界性民族独立运动的影响，加勒比地区殖民地人民争取民族独立和解放的斗争取得重大胜利，有力地冲击了帝国主义在这一地区的统治。这一时期，不少国家实现了政治独立，整个拉丁美洲和加勒比地区独立国家的数量达到33个。

（二）晚近状况

20世纪80年代，民主化潮流席卷拉丁美洲，军人独裁者纷纷交出政权，让位给民选的文人政府。拉丁美洲地区由此开启军人"还政于民"的民主化进程。但在民主化推进的过程中，拉丁美洲地区仍然面临许多艰难与挫折。

首先，新构建的民主体制还不够稳定和健全。一些拉丁美洲国家的政治仍然处于不稳定的局面。为此，大多数国家在20世纪90年代力图通过改革来消除政治动荡，包括修改宪法制度、改革选举制度、完善政党体制和保障民众政治权利等。其次，迫于民主化潮流不可逆的原因，军政府被迫"还政于民"，但是不少军政府仍然试图通过政变夺取政权。在20世纪80年代，尼加拉瓜政府与反政府武装陷入8年内战，萨尔瓦多也陷入长达12年的内战，危地马拉的内战直到1996年才结束。这导致中美洲局势长期动荡不安。1983年，为了解决中美洲问题，墨西哥、委内瑞拉、哥伦比亚、巴拿马四国外交部部长在巴拿马的孔塔多拉举行会议，旨在解决困扰中美洲多年的军事冲突。但由于美国的干涉以及地区内部之间矛盾重重，中美洲问题直到20世纪90年代才得到有力解决，政治环境开始走向和平与稳定。

20世纪90年代末以来，从总体上看，拉丁美洲国家的民主化进程基本完成，政局逐步稳定下来。首先，拉丁美洲各国都能通过选举程序进行政权更替，尽管个别国家的政局出现过动荡，但最终都能通过和平协商方式解决。其次，政党格局有所变化。查韦斯打破政坛长期"两党政治"的格局，当选委内瑞拉总统；2000年墨西哥革新联盟战胜革命制度党，结束了革命制度党长达71年的统治；2002年，阿尔瓦罗·乌里韦以绝对优势击败保守党和自由党两大传统政党当选哥伦比亚总统。这表明传统政党在拉丁美洲地区政坛上的绝对掌控力日益衰落，政党制度开始朝着竞争性的多党制发展。最后，拉丁美洲地区的右派一直是拉丁美洲地区政坛上的主导力量，连续执政了100多年。但传统党派的改革并没有解决拉丁美洲地区的各类社会问题，尤其是分配不公的问题。民众开始对传统政党失去信任，拉丁美洲地区的左翼领导人在这一时期先后通过大选上台执政。自1998年以来，委内瑞拉、智利、玻利维亚、巴西、厄瓜多尔、阿根廷、乌拉圭、秘鲁等国的左派或中左派政党纷纷上台执政。左派在顶住国际压力的同时，还在经济发展及解决社会问题等方面获得重要突破。①

二、拉丁美洲政治特点

拉丁美洲的政治复杂多样，许多国家都经历了政治动荡。其中一些国家曾经历过军事独裁统治，如阿根廷、巴西、智利等；另一些国家则一直处于民主政治体制下，如哥伦比亚、墨西哥、秘鲁等。近年来，一些国家还出现政治危机，如委内瑞拉和尼加拉瓜等。总的来说，拉丁美洲地区的政治在长期发展过程中表现出钟摆效应、进程曲折和发展失衡的特性。

（一）钟摆效应

拉丁美洲地区的钟摆效应，指的是左右翼势力在权力位置上相互交替的现象。简单来说，拉丁美洲国家的贫富差距悬殊，经济增长也不稳定，这就导致左派和右派的主张在不同背景下有不同的受众，因而很难完全击败对方而获得对政权的绝对掌控。而当社会问题频发导致民众对现有政府产生不满情绪时，民众期望改革能够解决问题，这就使得投票的倾向转向

---

① 赵雪梅主编：《区域国别商务环境研究系列丛书：拉丁美洲卷》，对外经济贸易大学出版社2012年版，第13页。

反对党。因此，左右翼政治力量交替更迭的直接原因是民众情绪的转变。但如果从更深层次的角度分析，拉丁美洲左派与右派冲突的核心在于究竟是建立"福利国家"还是遵循"自由主义"。

左翼政权的崛起对拉丁美洲地区的政治生态产生重大影响。首先，左翼政权的崛起对拉丁美洲长期以来形成的社会经济结构和阶级分布产生冲击。其次，左翼掌权期间，一直坚持社会正义和分配公平的理念。在积极探索新自由主义替代方案的同时，它们开始各自推行自己的"社会主义"模式。委内瑞拉查韦斯政府提出"21世纪的社会主义"，厄瓜多尔在前总统科雷亚领导下提出"美好生活社会主义"，玻利维亚埃沃·莫拉莱斯上台后提出"社群社会主义"的主张。尽管左翼政府仍被指责在一些政策上出现失误，例如，收入分配不均、经济增长不稳定、错过经济"黄金十年"以及政府过度干预市场导致生产活力下降等，但左翼政策坚持的政治理想仍有着强大的社会基础。

尽管拉丁美洲地区右翼势力的影响力处于下降趋势，但左翼政权政策上的失误一定程度上为右翼的政治活动提供了空间。新一代的右翼势力已经开始逐渐淡化意识形态，在言行上向中间立场转移。它们仍然坚持新自由主义的基本原则，同时致力于推动社会正义。此外，它们不再完全反对国内左翼势力推行的社会政策。在与西方等国家的外交关系上，拉丁美洲地区的右翼势力也将重心放在"关系修复"而不是"完全向西倾斜"上，旨在恢复外交关系正常化以求完成各种经贸目标。同时，还开展多元化的对话合作，并重视与发展中国家的外交关系。值得一提的是，无论是左翼还是右翼，都坚定地支持维护国家独立自主、坚持不受他国干涉的外交政策。[1]

（二）进程曲折

曲折性也是拉丁美洲政治发展进程的一个特点。西方发达国家在经历

---

[1] 曾祥伟：《拉美政局持续演变的几种趋势》，《当代世界》2017年第1期。

资本主义革命，确立资本主义制度等阶段后建立起来的代议制民主政治体制相对健全。在现代化进程中，占主导地位的阶层始终是资产阶级。但拉丁美洲地区在实现独立后，绝大多数国家并未由此走上发展资本主义的快车道，彼时拉丁美洲资产阶级力量还十分薄弱。带有封建性质的寡头地主集团不仅经济基础十分强大，其在地区的政治影响力也处于绝对优势地位。虽然拉丁美洲按照西方模式建立了代议制民主政治体制，以及相应的完整选举程序，但资产阶级并没有在拉丁美洲的政治现代化进程中占据主导地位，长期与带有封建性质的寡头地主集团争夺政治权利。而且，在这一时期，由于缺乏资产阶级经济基础发展的环境，拉丁美洲的资产阶级带有很强的依赖性和软弱性。在迈入现代化进程后的很长一段时间内，拉丁美洲地区的资本主义发展都处于举步维艰的状态。

外部力量也是导致拉丁美洲地区政治发展呈现出曲折性的重要原因。美国对拉丁美洲的政治演变影响重大。随着19世纪末20世纪初的经济主导地位不断增强，美国从自身利益出发，越来越多地干预拉丁美洲国家国内的政治。在不同时期，美国针对拉丁美洲制定的政策不尽相同，使得该地区的政治发展越发曲折。另外，拉丁美洲虽然早已是全球资本主义市场体系的一部分，但在这一体系中一直充当外围国家，严重依赖中心国家。

（三）发展失衡

虽然拉丁美洲国家在独立之初建立起来的政治制度采取了当时最先进的代议制民主制度，并建立了相应的选举程序，但实际上，奉行精英主义的寡头集团长期把控着政治，使得社会各阶层的诉求和政治发展的客观需要难以得到全面考虑，最终导致政治发展脱离本国经济发展水平。换句话说，拉丁美洲地区的政治进程、经济发展和社会进步之间呈现出分离的状态。

毫无疑问，政治进步、经济发展与国家发展需要相适应的政治制度来维系。随着拉丁美洲民主政治的不断推进，民众开始要求完善政治制度，从而更好地保障自己的权利。2015 年，智利爆发大规模的抗议游行活动，要求政府进行教育改革，提供免费教育。这反映出民众的需求与政治决策过程和治理模式之间仍然存在差距。可以看出，政治发展不能由少数政治精英主宰，更不能脱离经济和社会发展的现实需要，而是需要在民众广泛参与的基础上稳步推进。①

三、拉丁美洲政治面临的主要问题

在百年大变局的背景下，近年来，拉丁美洲地区多国形势呈现动荡加剧态势，拉丁美洲政治正处于一个社会矛盾加大、政治波动加剧的阶段，具体表现为体系性腐败升级、民粹主义泛滥、政党"碎片化"程度加深和局部动荡加剧。

（一）体系性腐败升级

拉丁美洲国家长期存在严重的腐败问题。关于如何定义腐败，国际社会有诸多衡量指标。当前运用较多、较权威的是"透明国际"发布的全球清廉指数，里面收录了全球 180 个国家的清廉指数排名，拉丁美洲国家排名都较低。2020 年，拉丁美洲地区平均值为 41 分，而拉丁美洲主要国家墨西哥、巴西、阿根廷得分都低于平均值，腐败现象猖獗。委内瑞拉排名第 176 位，海地排名第 170 位，危地马拉排名第 159 位，这些国家居于全球最腐败国家之列。②

拉丁美洲的腐败现象具有系统性，上到总统下到基层普通公职人员都

---

① 刘波：《拉丁美洲政治发展进程研究》，中国社会科学院研究生院 2014 年博士学位论文。
② 高波：《拉美国家的体系性腐败及其治理》，《现代国际关系》2021 年第 3 期。

有腐败行为。执政党的腐败情况同样严重，截至2018年，20多位在任或离任总统因受到腐败指控而入狱服刑。据民调显示，62%的巴西选民、61%的墨西哥选民以及53%的阿根廷选民相信本国总统有腐败行为。① 腐败领导人的案例比比皆是，比如阿根廷前总统梅内姆、基什内尔夫妇，巴西前总统科洛尔、卢拉、特梅尔，以及墨西哥前总统涅托等。其中最极端的例子是秘鲁从1980年以来的6位总统中有5位都受到腐败指控。

拉丁美洲各类政治组织几乎都有腐败行为。据相关数据显示，有超过一半的拉丁美洲民众认为，国会议员是所有公职人员中最腐败的，在当地最不得民心的机构就是国会、政党和司法机关，这些机构组织的民意支持率只有10%。② 秘鲁安卡斯省前省长阿尔瓦雷斯串通地方法官和本省的国会议员，把自己的亲信安排到省政府和省议会任职，构建了一个具有庞大腐败网络的地方势力。2014年巴西奥德布莱希特建筑公司行贿案是拉丁美洲系统性腐败的典型案例，包括时任总统、前总统、内阁高官、国会议员、政党领导人在内的200多名政要受到腐败指控。2014年，秘鲁全国时任25位省长中有19位被指控行贿受贿，仅阿雷基帕省和安卡斯省涉嫌腐败的官员就超过1400人，很难有官员独善其身。

拉丁美洲的腐败犯罪呈现泛国际化和多类化的特点。有专家按照腐败的程度把腐败罪行分为三种：大腐败（高层腐败）、管理层腐败（中层腐败）和小腐败（底层腐败）。大腐败通常指最高层政治决策者如总统、部长、国会领导人参与腐败，涉及重大政治、经济政策改革。拉丁美洲的大腐败案件通常出现在大型公共工程招标、金融监管领域，涉及重大利益分配。巴西、阿根廷、秘鲁、委内瑞拉、哥伦比亚等大多数拉丁美洲国家在经济国有化改革和金融危机纾困的情况下都曾曝出大腐败案件。其中最典型的例子是墨西哥时任总统萨利纳斯为大企业家斯利姆量身定做了一整套规则，使斯利姆以低廉的价格控制了价值数百亿美元的国有大公司墨西哥

---

① 高波：《拉美国家的体系性腐败及其治理》，《现代国际关系》2021年第3期。
② 高波：《拉美国家的体系性腐败及其治理》，《现代国际关系》2021年第3期。

电信,并授予其垄断经营特权,使其在很短时间内成为世界顶级富豪之一。管理层腐败主要通过侵占公共资产、扭曲公共政策来获取非法收益,通常发生在中央或地方政府的中高级官员、地方企业身上。小腐败是指基层行政执法人员的腐败行为,行政许可审批部门与警察部门是这类腐败的频发领域,管理层腐败和小腐败在拉丁美洲极为普遍。[1]

(二)民粹主义泛滥

自2008年金融危机以来,世界各地许多国家的政府由于缺乏公信力,被怀疑政府行为只是为了少数人的利益。这也导致世界范围内对政治制度的不信任和民粹主义情绪的大幅高涨。近年来,拉丁美洲民众对制度缺陷、制度滞后、当权者无能的失望和不满情绪加剧,导致他们对制度缺乏信心,看不到国家未来发展的希望。

一些拉丁美洲智库的调查研究表明,拉丁美洲对民主制度运作不满的民众高达60%,哥伦比亚和巴西超过70%,拉丁美洲已成为世界上民众对民主制度较为不满的地区之一。从2007年到2019年,巴西、墨西哥、哥伦比亚和智利等拉丁美洲国家公众对政府的信任度分别下降了21%、13%、24%和10%。[2]"美洲晴雨表"调查的统计数据显示,人们对拉丁美洲政治机构的信任度也严重下降。

公众对政治的不信任主要体现在三个方面:一是"用脚投票"。美国咨询公司盖洛普在2019年对全球150多个国家的民意调查中发现,有27%的拉丁美洲人打算移民。二是大规模游行示威活动频繁发生。2019年以来,拉丁美洲各国的抗议和骚乱不断,特别是智利2019年因地铁票涨价而引发的严重骚乱,不但导致二十国集团全球峰会改地延期,也给智利造成数百亿比索的经济损失。拉丁美洲国家暴露出诸多制度性薄弱环节,呈

---

[1] 高波:《拉美国家的体系性腐败及其治理》,《现代国际关系》2021年第3期。
[2] 高波:《拉美国家的体系性腐败及其治理》,《现代国际关系》2021年第3期。

现出一种"经济衰退—社会动荡—政治危机"的恶性循环。由 2020 年新冠疫情引起的拉丁美洲全域动荡和骚乱反映出拉丁美洲严重的体制缺陷。三是在选举中投"不满票"。许多选民对政治腐败、经济的停滞不前和糟糕的生活感到非常沮丧，以至于将矛头转向现任领导人或执政党。大多数选举倾向于以选票惩罚现任者，增加了支持政治局外人和边缘政党的趋势。

总之，拉丁美洲"再民主化"进程开始以来，并没有实现人民渴望的经济社会发展。制度仍然无法解决其政治和社会问题，系统性危机仍时常发生。

（三）政党"碎片化"程度加深

第三次"民主化"浪潮推进的同时，政党政治在拉丁美洲蓬勃发展。近年来，政党泛滥、冲突等乱象层出不穷。在 33 个拉丁美洲国家中，目前实行两党制的有 9 个，实行一党制的有 4 个，还有 20 个实行多党制。近年来，该地区多党制国家的政党数量显著增加。大约 1/3 的国家有 20 个或更多政党，而其他大多数国家有 10 个政党甚至更多。巴西是政党"分裂"程度较高的国家之一，在参议院和众议院有 28 个政党。政党众多，导致党派冲突不断升级，政府难以达成政治和政策共识，从而阻碍重大政治议程。为实现治理目标，不同政党必须组成执政联盟，但联盟的脆弱往往又易导致政治和社会不稳定。因此，巴西政局长期不稳定，在一定程度上既反映出政治家的价值取向，也反映出政党制度的缺陷。

（四）局部动荡加剧

21 世纪初，一股"粉红浪潮"席卷拉丁美洲，地区国家因为治理理念相近，团结自强意识增强，各国对话与合作逐步加强。然而，由于左翼与右翼冲突逐步升级，这种合作的势头被迫中止。进入 2019 年，拉丁美洲左翼与右翼之争持续升级，在意识形态、治理模式、发展路径、热点问题等方面的分歧越来越大，因而饱受诟病。拉丁美洲一体化进程停滞甚至倒退，给拉丁美洲的发展蒙上了阴影。巴西右翼政府与阿根廷新左翼政府深陷冲突，阻碍南方共同市场的发展；巴西、厄瓜多尔等右翼国家相继退出南美国家联盟，使之成为名义上的组织；在委内瑞拉问题上，拉丁美洲左翼和右翼选择了各自的阵营，在美洲峰会、美洲国家组织等多边论坛上来回交锋。

四、拉丁美洲政治典型案例

拉丁美洲政治典型案例作为具有代表性的政治事件或现象，在该地区具有广泛的影响力和重要性，其中包括政治动荡、独裁统治、民主转型等多种类型的事件。这些事件或现象反映了拉丁美洲地区政治、经济、文化等方面的特点和问题，对于理解拉丁美洲地区的历史和现实具有重要意义。

（一）新兴力量崛起——智利新兴左翼政党胜选

2021年12月，智利左翼政党联盟"赞成尊严"候选人加夫列尔·博里奇高票当选智利总统，于2022年3月正式就职。2020年，新冠疫情导致智利经济增长放缓，智利人民选择了左翼政党来挽救岌岌可危的经济，这位年仅35岁的总统也是智利有史以来最年轻的总统，给智利政坛注入了新的活力。智利的这次大选同样引起其他国家的密切关注，拉丁美洲各个国家以及欧盟和美洲国家组织都向博里奇表示祝贺。

智利大选中败北的右翼政党联盟"基督教社会阵线"候选人何塞·安东尼奥·卡斯特只获得44.1%的选票，他在首轮投票中的得票率比博里奇高2%，本来有机会当选，但却在最后一轮投票中大败而归。智利总统选举结果的大反转有其必然因素。有消息人士披露，卡斯特的父亲曾加入纳粹组织，这个消息来源于德国联邦档案馆的一份文件。智利记者哈维尔在一本名为《乌鸦的阴影》的书中，描述了卡斯特父亲是如何从德国逃离并前往智利躲避审判的。这与此前卡斯特宣称其父是被德国军队强制征兵的言论大相径庭。这一消息在智利引起巨大反响，对卡斯特产生严重负面影响。为了挽回公众形象，卡斯特特意去美国与共和党党员卢比奥会谈，同时会见了多名经济界人士，表露积极投资的意向，并借此恢复自身的公众形象。然而这次美国之旅却未能如愿，卡斯特未能与美国当局进行任何接触，这也让大部分智利民众十分失望。

另外，时任联合国人权事务高级专员巴切莱特一直密切关注智利国内政治，尤其是在大选期间，他时不时表现出对左翼人物博里奇的喜爱。选举前一周，当巴切莱特回国与家人一起过圣诞节时，重申了对博里奇的支持，但此举也引发右翼强烈不满。

博里奇和卡斯特对竞选策略的调整也是决定这次大选胜负的主要原因之一。从他们发布的两个版本的竞选纲领来看，都自觉淡化了前期极端主义和意识形态的强烈色彩，开始向中间地带靠拢，留下一层适度的中立色彩。此举不仅是为了在第一轮投票中吸引中立选民，也是为了获得更多中左翼或中右翼议员的支持。

（二）不信任危机——委内瑞拉政治危机

委内瑞拉最近的政治危机源于2015年的议会选举。反对派联盟在2015年底的议会选举中赢得议会多数席位，此后继续攻击马杜罗政府。2019年1月，反对党议员胡安·瓜伊多自称"临时总统"，得到美国等国家的认可和支持。此后，美国和欧盟国家开始对马杜罗政权实施制裁。2021年8月13—15日，在挪威、墨西哥等国的积极斡旋下，马杜罗政府与反对派在墨西哥城开始谈判。委内瑞拉国民议会主席和反对派代表团团长共同签署了一份谅解备忘录，双方都认为对话是"富有建设性的"。公开的谅解备忘录内容显示,双方就多项问题达成共识,同意遵守委内瑞拉宪法要求,使得选举进程按照宪法要求进行。于是,反对党放弃抵制选举,并宣布参加同年11月21日的委内瑞拉地方选举。

2021年9月3—6日,马杜罗政府与反对派在墨西哥城进行第二轮谈判。谈判达成两项主要协议:一是双方同意建立抗击新冠疫情合作机制;二是共同重申了委内瑞拉对其与圭亚那边界沿线约15.9万平方公里土地的主权主张。马杜罗政府和反对派在主张领土主权方面有着共同诉求,这是在此次谈判中建立互信的基础。

多年来,诸多因素的限制使得马杜罗政府与反对派的谈判几乎没有进展。但在各种因素相互作用下,2021年的谈判突然取得重大进展。

首先,和谈的条件正在慢慢成熟。政府权力和反对力量对比发生变化。马杜罗调动自己掌握的资源,巩固了军方等方面支持力量。2020年初,新冠疫情在拉丁美洲迅速蔓延,马杜罗政府采取积极的抗疫政策,为公众所接受。同年12月委内瑞拉举行议会选举,执政联盟重新控制了议会。与此同时,反对派内部的分歧削弱了瓜伊多的实力。

其次,在野党和政府各有诉求,扩大了合作空间。反对派抵制议会选举,为失去对议会的控制付出政治代价。鉴于此,反对派表示不愿在2021年11月的地方选举中再次失去机会。由于反对派的参与,使人们增加了对11月选举合法性的认同。

再次,疫情加重了委内瑞拉的社会危机。在疫情暴发初期,马杜罗政府采取积极的社会控制措施,在抗击疫情方面取得一定成效。然而,美国等西方国家的长期制裁使委内瑞拉严重缺乏医疗用品,降低了其抗击疫情的能力。

最后,外部干扰因素逐渐减少。利马集团对马杜罗政府的"外交围堵"正在逐步放松。利马集团于2017年8月8日在秘鲁首都利马成立,由17个美洲国家组成。但是,利马集团的吸引力正在慢慢减弱。墨西哥左翼总统洛佩斯·奥夫拉多尔一改上届政府政策,逐渐远离利马集团。阿根廷政府也宣布退出利马集团。这意味着利用利马集团形成合力打击马杜罗政府将更加困难。与此同时,美国等西方国家也出现调整对委内瑞拉战略的迹象。

2019年7月，马杜罗政府与反对派展开第三次对话。双方谈判重心不尽相同。马杜罗政府希望通过和谈解除美国对委内瑞拉的制裁，而反对派则对选举感兴趣，希望通过选举获得更大政治权力，双方未达成任何实质性结果。[①] 2023年10月17日，委内瑞拉政府和反对派在新一轮和解谈判中取得巨大进展，双方就民主保障等多个议题达成一致并签署政治协议，包括将选举日定为2024年下半年、建立选民登记中心，以及允许包括欧盟和联合国在内的国际观察员监督投票等。

五、拉丁美洲政治拓展阅读

（一）政治学学科知识拓展阅读

景跃进、陈明明、肖滨主编：《当代中国政府与政治》，中国人民大学出版社2016年版。

[美]塞缪尔·亨廷顿著，王冠华等译：《变化社会中的政治秩序》，上海人民出版社2021年版。

王沪宁主编：《政治的逻辑：马克思主义政治学原理》，上海人民出版社2004年版。

（二）政治学研究方法拓展阅读

胡宗山：《政治学研究方法》，华中师范大学出版社2007年版。

杨光斌：《比较政治学：理论与方法》，北京大学出版社2016年版。

[美]珍妮特·M.博克斯-史蒂芬斯迈埃尔等编，臧雷振、傅琼译：《牛津政治学研究方法手册》（上、下册），人民出版社2019年版。

---

① 曹廷：《委内瑞拉重启朝野对话：政治危机有望结束？》，《世界知识》2021年第20期。

（三）拉丁美洲政治拓展阅读

［美］塞缪尔·P. 亨廷顿著，欧阳景根译：《第三波：20 世纪后期的民主化浪潮》，中国人民大学出版社 2013 年版。

徐世澄主编：《拉丁美洲现代思潮》，当代世界出版社 2010 年版。

袁东振、徐世澄：《拉丁美洲国家政治制度研究》，世界知识出版社 2004 年版。

六、思考

结合所学知识，试思考拉丁美洲政治发展有何特点。

结合历史和所学知识，试思考拉丁美洲政治周期性变化的原因是什么。

结合历史思考，就目前面临的主要问题而言，拉丁美洲政治的出路在哪里？

第四章 拉丁美洲经济：虚假繁荣下的挣扎与出路

一、拉丁美洲经济概况

拉丁美洲幅员辽阔、物产丰富，是世界市场上初级产品的重要来源，尤其是 1975 年成立的"拉丁美洲经济体系"，使拉丁美洲经济在世界经济中扮演着越发重要的角色。其经济发展可分为殖民经济时期和独立后经济时期两个时期。

（一）殖民经济时期

在欧洲殖民者到来之前，拉丁美洲的居民只有印第安人。1492 年，哥伦布的探险队第一次踏上美洲的土地，从此，西班牙人和葡萄牙人对印第安人进行了残暴的征服和掠夺。西班牙人占领了除巴西和圭亚那之外的全部拉丁美洲领土；葡萄牙人则占领了占拉丁美洲全部领土 3/7 的巴西。

殖民统治时期，宗主国凭借殖民统治制度大肆掠夺拉丁美洲的土地与各种财富，采取强制性措施让当地人集中力量生产少数几种矿产与农产品，这些产品在世界市场上销售可获得高额利润，造成拉丁美洲产品生产体系发展畸形。通过此种体系，西欧国家完成资本的原始积累，高速发展。与此同时，拉丁美洲经济则成为高度依附于西方经济的殖民经济，拉丁美洲国家在殖民经济下苟延残喘，直至1810年拉丁美洲响起独立号角。

（二）独立后经济时期

殖民统治时期，宗主国与拉丁美洲人民之间的矛盾成为当时的主要矛盾。最终在1810—1826年间，拉丁美洲爆发了大规模的独立战争。1826年，拉丁美洲10多个地区通过各种途径推翻了殖民者的统治，赶走了西班牙殖民者以及葡萄牙殖民者，获得独立。这样，除了少数地区外，拉丁美洲大部分地区都获得了独立。不过，独立后的拉丁美洲地区并没有能力摆脱对西方殖民者的依赖，而此后外部条件的变化则加强了这种依附性在其经济发展中的地位。拉丁美洲国家在近200年的经济发展中大致经历了"外向—内向—外向"的发展模式。具体来说，独立后至1930年实行初级产品出口的外向增长模式；1930—1982年实行进口替代工业化的内向增长模式；1982年以后实行新自由主义主导下的外向增长模式。

1. 外向增长模式（独立后至1930年）

拉丁美洲国家在独立后的数十年内，其初级产品外向型发展模式逐渐定型。19世纪中叶，拉丁美洲大陆达成一种共识，认为发展经济的希望在于通过出口商品和进口资本，从而更加密切地融入世界经济中。初级产品外向型经济是以单一的、专门化的初级产品出口为支柱的。具体来说，拉丁美洲的初级产品集中在矿业（金、银、锡等贵金属）及大庄园制和奴隶种植园制的农业（蔗糖、咖啡豆、可可、棉花、烟草等）中，矿产品和农产品的大量生产和出口为外资的进入打开了方便之门。[1]

---

[1] 岳云霞：《拉美外向型发展模式的经济与社会成效研究》，《拉丁美洲研究》2009年第5期。

此阶段，初级产品经济的繁荣给拉丁美洲经济带来巨大的影响：第一，不论是农产品还是矿产品的出口繁荣，都给拉丁美洲国家带来较高的经济收益，其确实从这种发展战略中得到一定好处；第二，随着出口收入快速增长，拉丁美洲各国国内对农产品和其他工业制造品的需求呈上升趋势，工业化逐渐发展起来；第三，19世纪中后期，拉丁美洲一些国家的银行、通信和运输等服务行业得到较快发展，经济构架有了新的发展基础；第四，城市化进程开始起步，初级产品的产区、沿海地区和首都等大城市获得较快发展。

19世纪末，咖啡占巴西全国出口总值的70%以上。在古巴，甘蔗园占据全国大部分耕地面积；19世纪中叶，糖占古巴出口总值的80%。这种单一型经济结构的显著特征是对外依赖性及由此导致的经济脆弱性。而外资的大规模进入，使拉丁美洲经济的依附地位进一步加重。初级产品外向型发展模式虽然给一部分拉丁美洲国家带来较高的经济收益，但是由此导致的对外依附、经济脆弱、财富集中在少数人手中等消极影响，使拉丁美洲国家经济在1929年爆发的世界经济大萧条中陷入前所未有的灾难之中。

2. 内向增长模式（1930—1982年）

1930—1933年间，受世界经济大幅度萎缩的影响，各国出口量减少，出口价格总水平下降，世界贸易总值的下降幅度超过50%。工业化国家经济结构的变化导致初级产品的国际需求显著下降，拉丁美洲国家出口部门顿时失去繁荣时期的活力，经济受到严重影响，危机后的10年，拉丁美洲经济发展严重滞后，被称为"失去的十年"。此时，初级产品外向型发展模式的依附性和脆弱性充分显现出来，从而导致该模式的终结，并促使拉丁美洲各国依据各自的经济条件转向替代工业化发展的内增长模式。[①]

20世纪30年代至60年代中期被视为拉丁美洲进口替代工业化发展的

---

① 房建国：《拉美进口替代战略的实施、问题和启示》，《湖北第二师范学院学报》2012年第10期。

黄金时期。这一阶段的进口替代主要通过发展民族工业来替代非耐用消费品的进口，实现国内消费品市场的自给。在此时期，拉丁美洲国家采取的主要措施包括：保护国内市场、积极支持幼稚工业、建立国有企业、完善基础设施、实施外汇管制和进口许可证制度等。同时，各国积极利用外国资本，通过国家干预的手段着重发展重工业。进口替代工业化发展模式在黄金时期取得显著成效。1950年前后，拉丁美洲主要国家的消费产品已能基本自给，并在各国政府政策的推动下初步建立了本国的钢铁和石油工业。这一时期，拉丁美洲国家经济持续发展，整个地区的国内生产总值年均增长率从20世纪50年代的5.1%提高到20世纪60年代的5.8%。通过进口替代，拉丁美洲主要国家进口占国内生产总值的比重持续下降。

进口替代模式的第二阶段，是拉丁美洲国家建立起具有资本密集型、技术密集型和熟练劳动力密集型等特点的工业体系的阶段。在这一阶段，拉丁美洲国家不仅保留了前一阶段的保护民族工业的做法，如巴西对非耐用消费品的实际保护率为50%—60%，而且对资本品和耐用消费品的进口加以控制，以减少它们与本国资本品和耐用消费品生产部门之间的竞争，并对部分跨国公司实施国有化。据统计，1960—1976年间，拉丁美洲国家收归国有的外国企业共有200多家。

拉丁美洲国家进口替代工业化发展模式自20世纪30年代初期开始实施，至20世纪80年代初期被摒弃，历时近50年。这一模式有如下特点：

首先，拉丁美洲进口替代工业化发展模式是建立在满足国内需求基础之上，以本国消费和投资发展本国制造工业的经济发展模式。从本质上看，是以限制国外工业品的进口、建立和发展本国工业来实现经济增长的模式。

其次，拉丁美洲进口替代工业化发展模式是一种带有民族主义和保护主义色彩的发展模式。内向型进口替代工业化是以国内市场为导向，是国产制成品取代进口产品以满足国内市场需求的模式，因此其贸易政策往往包括较高的关税、进口数量限制、外汇管制等保护本国民族工业的措施。

最后，拉丁美洲进口替代工业化发展模式是一种忽视出口的，特别是对初级产品出口的重要性认识不足的模式；是不断增加公共开支以刺激国内需求，加大国家对经济的参与度的模式；是一种高度依赖外国资本和外国技术的模式。

3. 新自由主义主导下的外向增长模式（1982年至今）

拉丁美洲进口替代的内向发展模式于20世纪60年代初逐渐失去活力。到了20世纪70年代，对大多数拉丁美洲国家而言，进口替代工业化发展模式已经难以为继。1973年国际石油危机爆发后，拉丁美洲国家又不约而同地走上"负债增长"的道路。1982年因墨西哥无力偿还到期外债引发二战后拉丁美洲地区最严重的债务危机和经济危机。[1]

20世纪80年代的债务危机给拉丁美洲国家带来灾难性后果。沉重的外债负担、经济衰退、汇率贬值、公共赤字攀升、通货膨胀加剧、流入的外资骤减等一系列问题接踵而至。债务危机全面爆发后，在国际金融组织和西方债权国的压力下，拉丁美洲国家被迫进入应急性经济调整期。[2]这一时期的措施主要有：通过调整出口产品的相对价格，增强出口产品竞争力，增加可用于出口的产品数量；减少非贸易品的投资支出，在资金供给上给予出口部门更多的倾斜；通过降低财政支出、国内消费以及投资支出来降低国内需求，从而减少进口需求压力和贸易收支逆差等。调整的核心宗旨是通过紧缩国内需求，减少进口压力，扩大出口，扭转贸易收支逆差，提高偿还外债能力。至1985年，应急性经济调整取得初步成效。拉丁美洲整个地区的贸易收支项目从1981年的125亿美元的逆差转变为1982年的91亿美元的顺差，并在之后的3年间保持了顺差的态势，1984年实现了360亿美元的贸易顺差。

从20世纪七八十年代到21世纪初，整个拉丁美洲都进入出口导向型增长进程加速发展的新时代，这是建立在外部需求上升，尤其是来自中国

---

[1] 林红：《困于民粹主义与新自由主义之间：拉丁美洲的发展选择问题》，《江苏行政学院学报》2022年第2期。

[2] Rose E. Levine and David Rene, "A Sensitivity Analysis of Cross – Country Growth Regressions," American Economic Review, Vol. 82, No. 4, 1992.

的需求强化了大宗商品的出口热潮的基础之上，截至2018年，中国和拉丁美洲的贸易总额及中国在拉丁美洲的投资存量均达到3000亿美元以上，中国在贸易、投资和融资上对推动拉丁美洲经济发展具有重大且积极的作用。

拉丁美洲通过降低关税、减少税目、逐步实现单一关税结构的改革措施，以及取消配额制、许可证制、价格管理等非关税限制，建立有效的出口促进机制，持续推动出口的增长。1989—1995年，拉丁美洲出口年均增长率达6.1%，比1984—1988年的5.2%高出0.9个百分点。值得关注的是，贸易自由化时期出口增长较快的国家是那些贸易自由化进程起步较早的国家，如智利、哥斯达黎加、玻利维亚、牙买加、圭亚那、阿根廷和萨尔瓦多等。有学者指出，在发挥比较优势、参与国际竞争的思想指导下，拉丁美洲地区在20世纪90年代逐步形成两种类型的"专门化"产业结构模式：一种是墨西哥和中美洲国家以加工、装配为主的模式；另一种是南美洲国家以自然资源加工业为主的模式。后一种模式中包括巴西、阿根廷、智利、委内瑞拉、秘鲁等国，这些国家的大豆、铁矿石、铜矿等产品的出口势头尤为强劲。

（三）晚近状况

截至2022年，拉丁美洲和加勒比地区报告的新冠病毒感染病例累计近7000万例，巴西是拉丁美洲受疫情影响较为严重的国家之一。2020年拉丁美洲地区经济衰退达7.7%，2021年该地区经历了6.9%的经济增长，2022年放缓至2.1%。在应对新冠疫情引发的危机中实现可持续复苏的能力方面，发达国家和发展中国家在实施财政政策、社会政策、货币政策、卫生政策和疫苗接种政策方面存在严重不对称。受疫情影响，该地区的贫困率在2022年由2020年的27.5%上升到29%，比起2019年的水平下降1.2个百分点；绝对贫困率降至11.2%，与2019年基本持平。此外，由于气候相关灾害，过去20年中，拉丁美洲和加勒比地区国内生产总值的年平均损失为1.7%。[1]

《拉丁美洲和加勒比发展报告（2019—2020）》指出，2020年，全球新冠疫情冲击加剧了本已处于经济下行周期的拉丁美洲国家所面临的风险。疫情暴发前，拉丁美洲经济已经面临来自国际和地区内部的风险。国际风险主要包括世界经济低迷、贸易保护主义反复、大宗商品价格波动、国际金融市场动荡等。地区内部风险主要包括三个方面：第一，超级大选周期结束后，拉丁美洲各国新政府经济政策的不确定性以及政局的不稳定性；第二，地区长期痼疾——社会不平等叠加经济多年低迷导致的社会抗议和社会冲突风险；第三，公共债务高企潜藏的偿债风险以及阿根廷金融市场波动引发的传染效应。而疫情更加重了拉丁美洲经济面临的风险，并将通过实体经济渠道、金融市场渠道和大宗商品渠道三个方面影响拉丁美洲经济：

第一，实体经济渠道。在拉丁美洲各国国内，随着社会隔离和防疫措施升级，就业密集度较高的服务业首先受到影响，进而波及其他产业。在外部，世界经济衰退直接削弱拉丁美洲国家的出口需求，工业生产也将因全球供应链"停摆"而受到冲击。

第二，金融市场渠道。股市、汇市及美国货币政策的溢出效应是主要传导渠道。美股的大幅下跌会导致全球资金回流美国，从而增加拉丁美洲国家货币贬值压力。与此同时，主要发达国家重启超常规的量化宽松政策，虽然增加了拉丁美洲国家货币政策的操作空间，但也造成新一轮债务增长。

第三，大宗商品渠道。全球需求萎缩、石油价格战等因素导致初级产品价格下跌，恶化了拉丁美洲国家的贸易条件，削弱了其作为资源出口型国家的财政收入。为应对疫情冲击，拉丁美洲国家实施相应的财政和货币政策以防止经济体系的崩溃。但是，宏观经济政策空间受到限制。就财政

---

[1] Naciones Uidada, CEPAL, "Anuario Estadístico de América Latina y el Caribe 2022," Impreso en Naciones Unidas, 2023.

政策而言，债务高企及利息支付增加限制了公共支出能力。就货币政策而言，本已处于历史低位的政策利率减少了降息空间，私人部门的高负债也限制了货币政策的有效性。

有专家指出，疫情冲击可能重塑拉丁美洲国家生产、贸易、区域一体化的新格局，即促进生产结构多元化、减少对进口制成品的依赖、加强区域内经济一体化等。因此，尽管拉丁美洲国家的制度框架比以往更加合理，但是鉴于债务高企、"双赤字"状况、金融脆弱性增强以及上述长期趋势的影响，它们基于规则运用制度框架时要面临比以往更大的限制和更复杂的环境，一旦处理不善，极有可能重蹈"失去的十年"的覆辙。[①]

二、拉丁美洲经济特点

拉丁美洲地区有着独特的地缘属性和殖民地经历，加之受限于长期的外向型经济影响，经济具有高依附性和脆弱性的根本特点，因而发展不平等、不公平现象突出，尤其是近年来在全球疫情的冲击下，经济整体呈低迷状态。但拉丁美洲国家也在积极探索发展出路，推动经济重现繁荣。整体来看，拉丁美洲经济模式在全球范围内呈现以下鲜明特点：

（一）依附性与脆弱性显著

在拉丁美洲独立后的200多年发展进程中，大部分国家长期依靠自身自然资源丰富的特点，走资源型发展道路。即便是20世纪30年代大萧条时代实行的进口替代工业化发展模式，依然是建立在初级产品生产和出口的模式基础上。

---

① 芦思姮：《新冠疫情重创拉美经济与社会》，《世界知识》2020年第9期。

这种初级产品生产和出口的发展模式，曾经在19世纪中后期到一战之前给拉丁美洲国家带来经济繁荣。此后，伴随西方国家的技术进步和快速发展，工业国的经济结构发生深刻变化，但长期以来拉丁美洲国家所生产产品的性质几乎没有变化，依靠初级产品发展经济的拉丁美洲国家在国际需求上逐渐失去竞争力。直至20世纪30年代，大萧条的爆发逼迫拉丁美洲国家转变观念、另寻他路，开始实行进口替代工业化。尽管这种工业化模式帮助一些拉丁美洲国家建立起相对现代的工业体系，甚至衍生出一些"经济奇迹"，但建立在初级产品生产和出口基础上的进口替代工业化仍犹如镜花水月，1982年债务危机横扫拉丁美洲地区后，拉丁美洲地区一下堕入"失去的十年"。直到21世纪初，大宗商品的超级周期才再次拉动拉丁美洲经济回升，特别是2004—2011年，拉丁美洲地区经济年均增长率超过5%，似乎再现昔日繁荣景象。

梳理拉丁美洲的发展史不难看出，初级产品生产和出口在拉丁美洲地区长期占主导地位。据联合国拉丁美洲和加勒比经济委员会统计，2008年初级产品在拉丁美洲出口中所占比例接近一半。尽管这种发展模式曾经几度给拉丁美洲带来经济繁荣，但从长期看，这种模式导致该地区相关国家经济结构具有依附性和脆弱性。

初级产品生产和出口模式主要依赖国际市场需求，其价格涨跌会直接反映在拉丁美洲经济增长率上，初级产品贸易比价的上升和下降成为影响拉丁美洲经济增长的决定性因素。经济结构的依附性和脆弱性在短期内不会出现太大问题，反而营造出虚幻的繁荣景象，但从长期看却会带来致命后果。事实上，拉丁美洲今日的经济困境在新冠疫情暴发前就已初现端倪。从各项经济指数来看，2014—2019年拉丁美洲经济一直饱受国际大宗商品价格持续下跌影响，6年间的平均增速仅为0.6%。

（二）不平等、不公平现象突出

拉丁美洲地区受限于高依附性的经济体系，从专制独裁、贫困和两极分化到周期性政治危机和经济危机，从通货膨胀、金融危机、债务危机到对外资、外贸严重依赖，陷入发展困境，归根结底还是经济发展中顶层设计的弊端，导致不平等、不公平现象十分突出，具体包括以下几点：

一是在经济发展过程中重增长、轻分配。拉丁美洲存在收入分配不公的问题。美洲开发银行的一个专题报告显示，占拉丁美洲总人口30%的穷人仅获得国民收入的7.5%。这一比重为世界最低（其他地区平均为10%）。在拉丁美洲收入分配的另一端，占总人口10%的富人拥有国民收入的40%。这种收入分配不公的情况只有在人均收入水平只及拉丁美洲一半的非洲国家才能看到。若用基尼系数来衡量收入分配差距，同样可以发现，贫富悬殊程度相对平等的国际标准为0.25—0.3，而一些拉丁美洲国家则高达0.6。[①]

二是城市与农村发展失衡。在过去的几十年，拉丁美洲各国政府为了推动工业建设，将大量资金投入城市。一方面，城市中出现的大量就业机会将农民吸引到城市；另一方面，农村不合理的、高度集中的土地所有制将无地农民推向城市。在上述推力的作用下，拉丁美洲的城市化率（城市人口占总人口的比重）从1970年的62.5%上升到2000年的78%。城市化程度的提高固然为工业发展创造了有利条件，但是超越发展阶段的城市化也使拉丁美洲国家付出了沉重代价。生活在城乡结合处贫民窟里的居民，很难享受到城市里的医疗、教育、供电和排水等基本生活设施。此外，城市人口的快速增长，加大了城市管理的难度，非正规经济不断发展，社会治安难有保障。

三是人与自然的冲突日益尖锐。地大物博的拉丁美洲拥有世界上40%的动植物和37%的水资源，而且全地区47%的土地被森林覆盖。但是，该地区仍面临着生态环境恶化的问题。联合国粮食及农业组织的数据表明，在1981—1990年间，拉丁美洲平均每年损失7.4万平方公里的热带森林。

[①] 吴寒：《浅析拉美"中等收入陷阱"之成因——快速城市化下的隐忧》，《生产力研究》2015年第10期。

这一数字高于同期非洲的4.1万平方公里和亚太地区的3.9万平方公里。就森林生物量而言,1981—1990年全球共失去25亿吨,其中拉丁美洲就占了13亿吨。

四是不能恰如其分地把握开放与保护的尺度。20世纪90年代以来,拉丁美洲国家大幅度削减关税,使外国产品轻而易举进入本国市场。这一态势使其民族工业面临激烈的竞争。几乎在所有拉丁美洲国家,尤其在较开放的墨西哥和阿根廷等国,因不敌外来竞争而陷入困境或倒闭的民族企业屡见不鲜。[①]

(三) 拉丁美洲一体化

1980年8月12日,原拉丁美洲自由贸易协会11个成员国的外交部部长在乌拉圭首都蒙得维的亚签署了《蒙得维的亚条约》,宣告拉丁美洲一体化协会成立。协会的正式工作语言为西班牙语和葡萄牙语。总部设在乌拉圭首都蒙得维的亚。拉丁美洲一体化协会的宗旨是促进和协调成员国之间的贸易,扩大出口市场,开展经济合作,并在不断扩大双边和多边合作的基础上最终建立拉丁美洲共同市场,实现本地区的经济一体化。协会各国遵循政治经济多元化、灵活多样的方针,为建立拉丁美洲共同市场逐步积蓄力量。根据各国发展水平区别对待和实行贸易方式多样化的基本原则,拉丁美洲一体化协会准许成员国同拉丁美洲其他国家和地区建立多边联系,并放宽了成员国同世界其他地区的发展中国家或区域经济组织的经济往来。允许成员国中不同的政治经济发展模式共存共处,不把可能有不同理解的义务强加于成员国,让成员国自主决定建立共同市场的近期目标和远期目标。

然而近几年,拉丁美洲政治"钟摆效应"再度显现,国际金融危机对

[①] 郭存海:《拉美的"过度不平等"及其对中产阶级的影响》,《拉丁美洲研究》2012年第4期。

拉丁美洲经济造成冲击,阿根廷、巴西、智利等地区大国左翼执政党相继丢权,拉丁美洲政治版图开始呈现"左右拉锯"的格局,国家间左右政见差异也使得过去地区各国达成的一体化共识出现分化迹象。自哥伦比亚埃内斯托·桑佩尔于 2017 年 1 月结束秘书长任期后,南美洲国家联盟一直未能就该组织未来的领导层达成协议。2017 年 8 月,南美洲国家联盟 6 个成员国(阿根廷、巴西、智利、哥伦比亚、巴拉圭和秘鲁)参与组建利马集团。西半球国家联盟拒绝接受尼古拉斯·马杜罗的委内瑞拉政府,称其为反民主政府。2018 年 2 月,马杜罗被取消参加秘鲁主办的美洲峰会的邀请。作为回应,时任玻利维亚总统的埃沃·莫拉莱斯呼吁南美洲国家联盟保卫委内瑞拉,并于 4 月 17 日同意担任南美洲国家联盟临时轮值主席。2018 年 4 月,阿根廷、巴西、智利等 6 个国家被宣布暂停南美洲国家联盟会员资格;同年 8 月,哥伦比亚宣布退出,意味着这一雄心勃勃的地区一体化计划遭遇重大波折。2019 年 3 月,巴西总统博索纳罗宣布巴西计划退出该组织,同月厄瓜多尔宣布退出该组织。2020 年 3 月 10 日,乌拉圭正式宣布退出该组织。2023 年 4 月 6 日,阿根廷政府正式提请重新加入南美洲国家联盟。5 月 6 日,巴西重返南美洲国家联盟。

2019 年 1 月,随着对马杜罗政府的担忧日益加剧,一个新组织——南美进步论坛成立,其将用于取代南美洲国家联盟。由阿根廷、巴西、智利、哥伦比亚、厄瓜多尔、巴拉圭、秘鲁七国总统和圭亚那驻智利大使通过联合签署《圣地亚哥宣言》而成立的南美洲地区一体化机制——南美进步论坛于 2019 年 3 月 22 日在智利圣地亚哥举行了首届南美洲国家领导人峰会,委内瑞拉被排除在外。[①] 2022 年 4 月 3 日,智利总统加夫列尔·博里奇宣布该国停止参与该论坛活动。同年,苏里南宣布加入这一论坛。哥伦比亚前外交部部长奥尔古因认为,拉丁美洲地区一体化进程正在倒退,

---

[①] 《南美八国宣布创立新的地区一体化机制》,新华网,2019 年 3 月 23 日,http://www.xinhuanet.com/world/2019-03/23/c_1124273225.htm。

一个重要原因就是各国在委内瑞拉政治危机上存在立场分歧。①

南美洲国家联盟现在旨在复兴 10 年前引导拉丁美洲一体化的机构。哥伦比亚总统古斯塔沃·佩特罗在其就职演讲中指出加强拉美和加勒比国家共同体并重建南美洲国家联盟的必要性。"南美洲国家联盟不是卡斯特罗查韦斯主义。"佩特罗说，他指的是乌戈·查韦斯和菲德尔·卡斯特罗的社会主义，"这是独立于美国的一体化理念——就像欧盟一样。"②

三、拉丁美洲经济面临的主要问题

得益于丰富的物产，拉丁美洲曾在 19 世纪创造了出口经济的黄金时期，但因受国际市场风云变化的影响，拉丁美洲经济逐渐走下坡路。之后，通过内向拉增长、外向促发展等一系列探索，拉丁美洲经济再度走向复苏，但受限于发展积弊，尤其是近年来受新冠疫情的影响，拉丁美洲经济面临巨大的考验。

（一）疫情重灾区，经济严重衰退

在新兴经济体中，拉丁美洲和加勒比地区经济衰退程度位于前列。联合国拉丁美洲和加勒比经济委员会的数据显示，截至疫情最严重的 2020 年，除委内瑞拉外，经济衰退非常严重的 3 个拉丁美洲国家分别是秘鲁、巴拿马和阿根廷，经济衰退程度均在 10% 以上，分别衰退了 12.9%、11% 和 10.5%，而拉丁美洲地区的人均国内生产总值已经倒退至 2010 年的水平。这种衰退主要源于需求侧和供给侧的双重冲击。

---

① 何露杨：《拉美一体化为何出现停滞甚至倒退》，《世界知识》2021 年第 18 期。
② "Latin America's Pink Partnership," The American Prospect, Jan. 5, 2023, https://prospect.org/world/2023-01-05-latin-americas-pink-partnership/.

就需求侧而言，外部需求和内部需求疲软造成叠加效应。全球经济萎缩直接导致外部需求放缓，而拉丁美洲地区贸易结构长期以初级产品为主，对外部市场依赖性较强，因此外部需求的降低对拉丁美洲地区贸易产生了巨大冲击，其降幅显著高于其他新兴经济体。同时，拉丁美洲地区公共消费和私人消费骤降，前者受困于拉丁美洲国家捉襟见肘的财政状况，后者可归因于高企的失业率和下降的实际工资水平。此外，拉丁美洲地区固定资本投资长期保持在低位，固定资本形成不足，而建筑业和制造业又是受疫情影响最严重的产业，投资活力丧失。

就供给侧而言，拉丁美洲的生产能力和国际经济参与能力受损严重。一方面，防控措施使开工复产受到严重阻碍；另一方面，中间品和投入品因全球产业链停摆和交通运输受阻而供应中断。此外，拉丁美洲地区对私营部门的信贷，特别是推动消费信贷供给不足。

（二）刺激政策推高债务，偿债能力堪忧

近年来，为重新提振经济，拉丁美洲国家采取了扩张性财政政策和货币政策。然而，双管齐下的刺激政策实际上加剧了该地区的债务负担，经济增长的不确定性也使该地区偿债能力堪忧。

就财政状况而言，近年来，由于生产和消费下滑，加之减税政策的实施，拉丁美洲地区税收收入下降、财政收入减少。由于财政支出只增不减，2020年前3个季度，拉丁美洲地区财政赤字占其国内生产总值的5%，同比上升3.4个百分点。其中，巴西的财政收支恶化最为严重，财政赤字占其国内生产总值的比重从2019年的4.4%增至2020年的12.3%；其次是萨尔瓦多，财政赤字水平从0.4%扩大到8.1%。同时，公共债务全面提高，拉丁美洲地区公共债务占其国内生产总值的比重已经达到53.4%，增加了7.4个百分点。

就货币政策而言，拉丁美洲国家主要采取宽松货币政策与宏观审慎管理调整相结合的方式。但是，资本外逃导致金融市场不稳定，加剧了拉丁

美洲国家的汇率波动。

(三) 贸易骤降，外国直接投资萎缩

拉丁美洲地区的贸易条件普遍恶化。近年来受新冠疫情影响，全球石油需求量大幅缩减导致国际原油价格暴跌。受此影响，拉丁美洲地区的能源出口国贸易条件也大幅下降。尽管其他大宗商品价格上涨改善了部分贸易条件，如矿物和工业金属出口国的贸易条件得到改善，但就整体而言，拉丁美洲地区平均贸易条件在逐渐恶化。

联合国拉丁美洲和加勒比经济委员会对 2020 年前 2—3 个季度的数据统计显示，拉丁美洲地区的外国直接投资同比下降 36%。降幅最大的 3 个国家分别是秘鲁（72%）、哥伦比亚（50%）和巴西（45%）。相比之下，墨西哥利用外资的水平仅下降 6%，是该地区表现最好的国家。外国直接投资下降，一方面源于投资来源国经济不景气导致全球外国直接投资总体下滑，另一方面归因于拉丁美洲营商环境普遍恶化。根据世界银行营商环境指数，在拉丁美洲 19 个国家中，有 16 个国家的营商环境排名出现不同程度的下滑，最为明显的就是巴西，排名下降了 15 个位次。

随着新冠疫情的缓解及疫苗的推出，全球经济逐渐开始反弹，但这种复苏显然很难回到疫情前的水平。联合国拉丁美洲和加勒比经济委员会统计，2022 年该地区经济仅增长 3.7%，同比减少 3.05 个百分点；通胀率为 15.4%，同比升高 3 个百分点，是新兴经济体中复苏较慢的地区之一；2023 年，拉丁美洲和加勒比地区经济仍持续保持低增长，世界银行发布的报告显示，由于受到通货膨胀加剧和货币紧缩影响，拉丁美洲和加勒比地区 2023 年经济增速大幅放缓，仅为 2.2%，预计 2024 年的增长率将增至 2.3%，2025 年将增至 2.5%。[1] 联合国拉丁美洲和加勒比经济委员会执行

---

[1] World Bank, "Global Economic Prospects-January 2024," http：//www.worldbank.org/en/publication/global-economic-prospects.

秘书何塞·曼努埃尔·萨拉查表示，拉丁美洲和加勒比地区的经济低增长预期，一定程度上反映了经济增长和全球贸易的低活力状态，意味着全球经济的发展动力有限。此外，低增长预期也与该地区国家所面临的国内财政和货币政策空间有限有关。相比2020年经济衰退7.7%的情况，拉丁美洲地区的经济复苏之路可谓漫长而艰难。

尽管如此，乌云背后仍有一线光明。首先，随着全球经济复苏，尤其是发达经济体和中国的市场需求回升，全球对初级产品的需求逐步增强。无论是2020年底重新开始恢复增长的石油价格和非燃料商品价格的上涨，还是国际货币基金组织等权威国际机构对大宗商品价格的增长预测（石油类商品价格上涨12%，非燃料商品价格上涨5.1%），都释放出积极的信号，贸易条件有望改善。其次，随着人员流动限制的放开，服务业出口和侨汇都具备增长的潜力，进而提振消费者和投资者的信心，消费、投资和净出口将形成推动经济增长的合力。再次，国际上充裕的流动性、拉丁美洲地区较低且可控的通胀水平、逆势增加的国际储备、逐渐强化的宏观审慎管理，都给拉丁美洲国家推进结构性改革创造了良好的条件。最后，疫情后的全球价值链和产业链重整也给拉丁美洲国家提供了历史机遇。一方面，数字经济因其在疫情期间的作用有望得到加速发展；另一方面，拉丁美洲地区区域经济一体化的趋势也在加强。中国和拉丁美洲可依托共建"一带一路"倡议深化双边合作，并以各自的结构性改革为基础，共同推动合作向高质量方向发展。

四、拉丁美洲经济典型案例

拉丁美洲经济经历了"失去的十年"，拉丁美洲各国也结合各自国情，开展了各类经济振兴探索，有的国家因此转危为安，迎来高速发展，有的国家却急转直下，一蹶不振。以史为鉴，可以知兴替，通过分析拉丁美洲经济的典型案例，可进一步探索拉丁美洲经济的破局之法。

（一）秘鲁的"鸟粪经济"

19世纪欧洲的城市化进程不断推进，大批农民涌入城市，导致粮食生产出现了危机。为提高单块农田的产量，德国化学家李比希到南美洲考察，希望找到更好的肥料。其登上秘鲁海岸附近的钦查群岛后，发现岛上遍布鸟粪。经试验，这些干透的鸟粪是极佳的肥料，富含农作物所需的元素，能让土豆的产量翻两三倍。[①]

秘鲁鸟粪资源异常丰富，在钦查群岛，鸟群密度高达每平方公里220万只，它们吃掉大量的鱼虾，又排泄大量的粪便。因为寒流的作用，沿岸海岛常年干旱无雨，鸟粪越堆越高，最终堆积如山。鸟粪开采也不难，美国作家克里斯蒂娜·胡恩菲尔特所著《秘鲁史》指出，鸟粪开采不需要重型设备和高额资本投入，包装鸟粪以及把鸟粪装上开往欧洲的货船，只需人、袋子、铲子和运输工具，干活的人大多是罪犯或是做苦力的移民，他们的廉价劳动力仅占生产成本的4%。于是，经历千万年积累的秘鲁鸟粪，从各个沿岸海岛上被打包装船，源源不断地被运往欧洲。

鸟粪创造的巨大财富，让秘鲁进入长达40年的"鸟粪繁荣"，一度被称为"建立在鸟粪上的国家"。鸟粪归国家所有，换句话说，出口鸟粪赚取的所有收入都进了国库。1846年，鸟粪收入不足政府收入的10%；仅仅5年后，这个百分比超过25%；1861—1866年，鸟粪收入增至75%；1869—1875年，鸟粪收入更是增至80%。《秘鲁史》指出：40年间，秘鲁以平均每吨10英镑的价格出口了大约1080万吨鸟粪，从鸟粪贸易中赚取了大约1亿英镑，成为拉丁美洲最富有的国家，有了鸟粪贸易带来的收入，秘鲁成为南美洲军事力量较强的国家，也是南美大陆较早拥有装甲轮船的国家。例如，1866年，秘鲁海军强大到足以打败进犯卡亚俄港口的一支西

[①] 杜君立：《鸟粪经济学》，《企业观察家》2016年第5期。

班牙舰队。[1]

在一片欣欣向荣下，也潜藏着巨大的隐患，美国经济学家沙恩·亨特通过分析政府支出，证实秘鲁预算的53.5%用于扩大文官和军队官僚体系，20%用于修建铁路，11.5%用于对秘鲁人的转移支付，8%转移给外国人，7%用于减轻穷人的赋税。这些支出的性质说明了为什么秘鲁会失去经济发展的机会。《秘鲁史》写道："鸟粪时代初期，秘鲁政府机构规模小，只有3个部，每个部只有几十名官员。然而，鸟粪出口的繁荣，使秘鲁政府迅速扩大了几乎所有部门，增加了数百名政府雇员。如此任意雇佣导致政府效率低下，腐败严重，50%以上的政府收入被用在低效的政府管理上，窒息了经济进步。"[2]

鸟粪贸易产生的巨额收入本可以用来把秘鲁建设成一个现代化国家的典范，不幸的是，大量的鸟粪财富用于建立挥霍的国家官僚体系，或者浪费在宏大的铁路项目建设上，而这些铁路项目却从来没有完成。更糟糕的是，秘鲁政府把未来鸟粪的生产作为抵押品，在国际金融市场大规模举债。政府"有钱任性"，民众亦是如此。在"鸟粪时代"通过各种手段大发其财的秘鲁权贵阶层因暴富而开始追逐进口商品，门、窗、钢琴、鞋子和衣服等统统从欧洲进口，结果导致本国大量作坊倒闭、工人失业。

到了19世纪80年代，持续了40年的"鸟粪时代"终于走到尽头。大量国际债务无法偿还，秘鲁政府宣布破产，鸟粪资源终于枯竭了，而化肥的出现则更宣告了鸟粪市场的终结。接踵而至的秘鲁、玻利维亚与智利的南美太平洋战争（又称"硝石战争""鸟粪战争"），使秘鲁国土被占，惨重损失。直至今日，秘鲁仍没有成为一个现代化国家。

---

[1] Cushman, Gregory T., "Guano and the Opening of the Pacific World: a Global Ecological History," Cambridge University Press, 2023.

[2] Muzzo, Gustavo P., "Historia del Perú," Editorial Universo S. A., 1961, pp. 270–275.

（二）智利的"军政府独裁时代"

1970年智利大选，中间派失利，左翼阵营的萨尔瓦多·阿连德以微弱优势当选总统。阿连德出生在政治氛围浓厚的家庭，父亲是共济会与激进党成员。阿连德信奉左翼思想，长期担任卫生和社会福利部部长，曾多次参选但却失败。在很多人眼中，他是左翼中的温和派，希望通过民主而不是暴力的手段达成政治目标。但是，令人没想到的是，阿连德上台后强行实施计划经济，将一批大型工商企业国有化，包括智利铜矿公司；征收大量土地，实施集体合作社；冻结物价对抗通胀；大量印发钞票，扩大财政赤字，大幅提高工人薪资；将关税提高到120%，驱逐外资和外部援助。阿连德的操作引发了严重的经济灾害。大量印钞推高了原本高企的通胀，冻结价格打击供给导致物价更高、物资更短缺。工人名义上工资上涨，但扣除通胀后的实际工资比弗雷时代更低。另外，阿连德还公开宣布要在智利建立一个像古巴一样的政权，这无疑将智利放在了美国的对立面。

1973年9月11日凌晨1点半，智利军人发动政变。早在10天前，智利海陆空三股势力就已达成共识，时任智利陆军司令奥古斯托·皮诺切特在最后时刻加入这场政变。当天午夜，原本在太平洋参加演习的海军舰艇突然返港，陆军迅速控制各大城市的警察局、政府、银行、广播台及要害部门。①

军政府掌权后，禁止了一切政治活动，关闭议会，取缔左翼政治党派，甚至解散了中立派基督教民主党，接管智利大学，任命军官担任大学校长。与此同时，军政府大规模逮捕左翼分子，20万人仓皇出逃，一些人逃到邻国与欧洲仍被追杀。到1976年，军政府已囚禁了13万人，相当于智利总人口的1%，其中，绝大多数被释放，但仍有数千人被杀害。有人甚至将皮诺切特形容为智利的"希特勒"。

---

① 储昭根：《皮诺切特的遗产》，《南风窗》2007年第1期。

这是军政府独裁专制与威权的一面,而另一面则是自由主义。军政府必须面对的一个严峻难题,即经济系统崩溃下,如何快速降低通胀,解决物资短缺问题促进经济复苏。

1975年下半年开始,智利军政府雇佣了一批年轻的经济学家,由后者提供经济改革的政策。这群经济学家后来被称为"芝加哥男孩"。他们中的多数曾在1955—1964年间到芝加哥大学受过系统的经济学训练,并深受弗里德曼自由主义思想的影响。弗里德曼在这一年出访过智利,与军政府首领进行了45分钟的谈话。弗里德曼回到美国后还写了一封很长的建议信,内容主要聚焦在经济改革方面。

"芝加哥男孩"的政策颇为有效,短短几年,智利的年通胀率从阿连德时期的600%骤降到6%,物资短缺问题得以解决。物价平稳后,经济秩序恢复,价格机制奏效,私人投资增加,经济快速复苏。1978—1981年间,经济增长了32%。同时,智利军政府还主动改善了与美国的关系,外资投资猛涨,出口也持续增加,制造业因此得以发展。

继阿连德时代之后,智利出现第二个奇特现象:军政府与自由市场神奇地走在一起。在拉丁美洲、非洲、西亚、中亚一些国家,军政府、独裁政府都选择经济控制与资源垄断,以巩固统治的经济基础。皮诺切特为何要发展自由市场?军政府中也有强烈的反对者,比如时任空军总司令古斯塔沃·利,但是军政府还是强势地推动自由市场改革。这或许与皮诺切特代表的右翼势力有关。

军政府独裁时代的前10年,智利洋溢着繁荣与和平的气氛。很多人已不再提起阿连德,转而支持军政府。军政府也趁机巩固政权的合法性。1980年,军政府修改宪法,由选民投票决定皮诺切特的总统任期是否能延长8年。据说,军政府严控了这次投票,结果大多数选民支持修宪,同意其继续执政到1988年。

但是,1982年,智利爆发了经济危机。军政府实施了大部分自由化改革,唯独保留了固定汇率——弗里德曼主张自由汇率。与多数拉丁美洲国家类似,当时智利的比索钉住美元。同时期,美联储主席沃尔克大幅提高利率，美元迅速升值，拉爆了钉住美元的他国货币，墨西哥、阿根廷等拉丁美洲国家无力偿还外债，爆发债务危机，外汇动荡，货币贬值。智利的情况稍好一些，政府赤字相对较低，但比索跟随美元快速升值，贸易赤字扩大，农业及制造业出口遭遇重创。这时，一些曾经的支持者站到了军政府的对立面。不过，军政府随即向国际货币基金组织求援，并推行浮动汇率改革，经济快速复苏。1982年的拉丁美洲债务危机终结了墨西哥、阿根廷、巴西的增长奇迹，但智利是个例外。1984年，智利经济迅速反弹，此后延续强劲增长态势，1989年增长率高达9.92%。这就是发生在军政府独裁时代的智利经济奇迹。

五、拉丁美洲经济拓展阅读

（一）经济学学科知识拓展阅读

［美］保罗·萨缪尔森、威廉·诺德豪斯著，萧琛译：《经济学》，商务印书馆2014年版。

［美］曼昆著，梁小民、梁砾译：《经济学基础》，北京大学出版社2010年版。

［美］曼昆著，梁小民译：《经济学原理》，北京大学出版社2006年版。

（二）经济学研究方法拓展阅读

［美］蒋中一、［加］凯尔文·温赖特著，刘学、顾佳峰译：《数理经济学的基本方法》，北京大学出版社2006年版。

林毅夫：《本体与常无：经济学方法论对话》，北京大学出版社2012年版。

（三）拉丁美洲经济拓展阅读

［英］维克托·布尔默－托马斯著，张森根、王萍译：《独立以来的拉丁美洲经济史》，浙江大学出版社2020年版。

《拉丁美洲和加勒比发展报告》（各年度），社会科学文献出版社。

《拉丁美洲蓝皮书：拉丁美洲发展与中拉合作关系》（各年度），经济管理出版社。

六、思考

结合历史和所学知识，试分析拉丁美洲经济发展对中国经济发展有何启示。

根据所学知识，分析拉丁美洲经济发展经历了哪几个阶段，各阶段具有怎样的特点。

根据所学知识，试分析拉丁美洲各国的经济有何相似，又有何差异。

结合历史和所学知识，试分析拉丁美洲区域一体化对拉丁美洲经济发展的意义和作用。

第五章 拉丁美洲外交：内忧外患交织的网络

一、拉丁美洲外交概况

通过追溯拉丁美洲国家的对外交往历程，描绘拉丁美洲外交在各个时期不同的历史面貌。

（一）第二次世界大战后的外交政策

第二次世界大战后至20世纪50年代末，拉丁美洲国家奉行追随美国的外交政策。其受制于美国，鲜有独立自主的对外政策。如同"门罗主义"的提出一样，美国从来没有真正把拉丁美洲作为平等的交往伙伴。事实上，美国从来没有放弃过将拉丁美洲视为其"后院"的想法。这一时期，拉丁美洲国家一方面追随美国的冷战政策，加入反对苏联的阵营；另一方面，开始反抗美国在拉丁美洲进行的渗透活动和控制拉丁美洲的企图，它们要求美国正视拉丁美洲国家发展经济的需求，但并没有得到积极的回应，这为拉丁美洲各国渴望独立埋下了伏笔。

这一时期，拉丁美洲国家屈从美国外交政策的典型表现体现在对朝鲜战争的态度上。从历史上看,对于美洲本土以外的地区战争,拉丁美洲国家一贯秉持不参与、不介入的原则。然而,美国通过它控制建立的"美洲国家组织"以及1947年迫使拉丁美洲国家签订的《泛美互助条约》,强迫拉丁美洲国家在军事和经济方面与其合作。因此,虽然拉丁美洲国家有本国态度,却又不得不放弃自身立场,对战争的态度也发生"不由自主"的变化。

拉丁美洲国家何以会有这种充满不满情绪却又不得不追随美国的心态,主要有以下几方面原因:其一,战后美国强大的国家实力。第二次世界大战造成世界范围的巨大损伤,英法等老牌资本主义国家陨落,美国一跃成为军事霸主。1952—1955年,有12个拉丁美洲国家为了寻求保护,相继与美国签订双边军事条约。[①] 美国也在积极打造地区性军事集团,在拉丁美洲建立军事基地,加强对该地区的全面控制。其二,除了军事上的保护与恫吓,美国还是世界第一经济强国,这迫使拉丁美洲在经济上依附于美国。欧洲和日本的严重受损为美国控制拉丁美洲的外贸和金融市场创造了良好的时机和条件。1948年开始,拉丁美洲从美国的进口值占其出口值的一半以上。同时,美国在拉丁美洲的外币投资也逐年上涨,拉丁美洲发展的很大一部分资金来自美国。[②] 此外,美国打着对拉丁美洲进行官方"援助"的旗号,为其提供了大量资金,面对这种状况,拉丁美洲国家只能选择在外交上屈从于美国。

20世纪50年代末至80年代初,拉丁美洲逐步形成独立自主外交政策。1959年,卡斯特罗领导的古巴人民革命,推翻了独裁政府,建立了社会主义新政权。这一消息一时间震撼了整个拉丁美洲,也敲响了美国在拉丁美洲霸权衰落的丧钟。"侧卧之榻岂容他人酣睡",从此,美国开始对古巴步步紧逼,层层封锁,进行军事侵略,此举将古巴推向苏联。冷战期

---

① 安建国:《战后拉美国际关系的发展》,《拉丁美洲研究》1987年第3期。
② 王红雨、王杰:《战后拉美国家对外政策的演变和特点》,《拉丁美洲研究》1987年第1期。

间，两大阵营对立，古巴成为苏联在美国"后院"的落脚之地，苏联舰队也开始在加勒比海游弋。1962年，因为苏联导弹进驻古巴，美苏开始了战后第一次全面对抗，核讹诈一度使当时的世界人心惶惶。这一时期，随着美国霸权开始衰落，拉丁美洲国家的离美倾向逐渐增强，战略目标也从军事发展转向谋求经济发展与解决地区问题，拉丁美洲国家的独立势头显而易见。

"古巴导弹危机"之后直到1979年，美国在拉丁美洲的霸权行径出现明显衰落，这主要体现在以下几个方面：首先，古巴稳住了阵脚，巩固了革命成果；其次，拉丁美洲国家在反帝、反殖、反霸等一系列问题上不再对美国言听计从，而是选择同其他亚非拉国家一起，组成一支维护发展中国家权益的重要力量，在不结盟等运动中，发挥了重要作用。更为重要的是，拉丁美洲国家开始在反对大国海洋霸权、将外资企业收归国有的行动中大有作为，大大增加了其国际地位和反对美国霸权的实力。七十七国集团的建立、1975年墨西哥牵头成立的拉丁美洲经济体系，在推动地区经济合作发展、提高拉丁美洲的国际话语权方面发挥了重要作用。

20世纪80年代以来，拉丁美洲外交政策逐步进入调整和完善时期。这一时期拉丁美洲地区战争频发，英阿马尔维纳斯群岛战争、尼加拉瓜革命、美国入侵格林达纳，以及美国向各国的反政府武装提供武器及资金支持等行为，使得拉丁美洲硝烟四起。同时，中美洲的债务危机使地区经济发展陷入严重困境，局势动荡不稳。为此，拉丁美洲国家将这个时期的外交重点放在争取和平、谋求发展上。一方面，拉丁美洲各国要维持西方大国的市场，争取新的贷款援助，确保可以平稳化解债务危机；另一方面，拉丁美洲各国要提高自力更生的能力，巩固独立自主的外交政策和成果，以此加强与其他各国的交往与合作。

在英阿马尔维纳斯群岛战争中，美国背信弃义对英国进行军事援助，其他西欧国家也转头制裁阿根廷，拉丁美洲国家大为不满，认识到本地区并不是欧美重视的"盟友"或"伙伴"，于是拉丁美洲各国更加坚定地和第三世界国家站在一起，重申第三世界国家身份，希望以此冲破意识形态的桎梏，摆脱美苏冷战阴影。其中比较典型的是孔塔多拉集团和利马集团在处理中美洲问题时，都采取了"由中美洲人民自己解决自己的问题"的立场，反对任何形式的外来干涉。除了团结一致对外，拉丁美洲国家对内也在积极推进一体化进程，探索地区合作的新形式。1986年，巴西和阿根廷签订了双边经济一体化重要协定，为南南合作树立了积极榜样。虽然拉丁美洲地区依然有诸多重大问题亟待解决，但这些问题经过长期努力，依然存在和平化解的可能性。

（二）晚近状况

20世纪80年代后，拉丁美洲独立性进一步增强，推动拉丁美洲外交多元化发展的"文人政府"相继上台，民主化进程进一步加快，助力外交朝着更稳健求实的方向前进。

20世纪90年代，世界政治经济发生巨大变化，对拉丁美洲的外交政策转变产生巨大影响。东欧剧变、苏联解体、两极格局结束，世界开始朝着一超多强方向发展。经济全球化、区域一体化突飞猛进，拉丁美洲也趁势加快了地区合作一体化进程。这一时期，拉丁美洲外交的特点主要体现在以下几个方面：第一，拉丁美洲地区一体化进程加快，建立了诸多的一体化组织，推动旧的一体化组织转型重组，从某种程度上来说，拉丁美洲地区已经成为西半球经济不可或缺的组成部分；第二，加强同欧洲以及亚太国家的友好交往，外交更具多元化倾向；第三，虽然拉丁美洲同美国之间的利益分歧、摩擦依然存在，但双方都有意推动关系向好发展。

此外，新冠疫情作为近年国际关系中最大的"黑天鹅"事件，不仅对世界政治和经济造成重大影响，同时也对各国社会治理能力提出严峻挑战。拉丁美洲外交政策也随着疫情开始转变，下文将以拉丁美洲与中国的外交关系为例进行展开。

2014年起，由于经济的持续低迷，拉丁美洲各国的减贫计划开始停滞，加之新冠疫情造成的进出口停摆给拉丁美洲社会带来新的冲击，失业率陡增、收入不平衡问题进一步凸显，社会收入阶层结构下沉，老人、妇女、儿童等非正规收入弱势群体遭受更大打击，生活水平下降，生活状况恶化。

作为拉丁美洲第二大贸易伙伴国，中国在部分国家的贸易额甚至超过美国，还有22个拉丁美洲国家加入中国共建"一带一路"倡议，疫情期间，中国积极向广大拉丁美洲国家提供医疗物资和技术援助。例如，与墨西哥、委内瑞拉、阿根廷等国搭建起"空中桥梁"，向上述国家供应口罩、试剂盒、呼吸机等抗疫物资，还向海地提供了价值1800万美元的医疗设备，此举大大拉近了拉丁美洲各国同中国的距离。拉丁美洲各个智库已经充分认识并且认可中国提出的人类命运共同体，赞同中国为整个人类的可持续发展作出的努力和贡献。

拉丁美洲和中国也愿意以双方的共同利益为起点，在构建人类命运共同体的道路上，同中国携手并进，切实解决发展中的实际问题，推动构建以合作共赢为核心的新型国际关系，反对国际关系中的零和博弈甚至负和博弈。

二、拉丁美洲外交特点

民族独立为拉丁美洲国家的外交独立提供了前提条件，根据不同时期外交政策的转变，可以归纳出拉丁美洲外交的不同特点，并以此加深对拉丁美洲外交的了解。

（一）对大国的依附

拉丁美洲对大国的依附主要发生在被殖民时期，以及1946—1959年期间。结合两个时期的国际环境和世界局势，其依附政策产生的原因不尽相同。

殖民时期拉丁美洲国家主要依附于西方资本主义国家。率先发展资本主义、经历工业革命的西方国家，来到拉丁美洲，为本国新兴的资产阶级寻找原料产地和产品倾销市场。这个时期的拉丁美洲处于未独立的状态，迫于殖民统治，只能在政治、经济、外交等方面全面依附西方国家。

19世纪，拉丁美洲在战火中获得了独立，独立后的拉丁美洲一方面警惕殖民主义的复辟，另一方面整顿国家秩序，向现代国家发展。由于自身能力的限制，战后初期，拉丁美洲国家的实力并不足以支持其在国际上独立发声，争取权益，国际规则并未向拉丁美洲倾斜。传统强国在第二次世界大战中受到重创，战争带来的财产和人员伤亡使得这些传统强国的霸权无以为继；在美国和苏联分庭抗礼的情势下，因为同处美洲地区，地缘位置相邻，加之历史上曾受"门罗主义"照拂等因素的影响，拉丁美洲国家为求自保加入以美国为首的资本主义阵营。

政治上，加入资本主义阵营后的拉丁美洲成为美国的附庸。美国在该地区积极策划军事政变，扶持傀儡政府夺取政权上位，以实现对美国言听计从的目的。1954年，危地马拉推行将外资收归国有的民族政策，损害了美国在当地的垄断利益，美国通过收买洪都拉斯和尼加拉瓜的反政府军，由美国政府提供武器装备，从洪都拉斯兵分两路入侵危地马拉，最终危地马拉阿本斯政府被推翻。经济上，美国通过操纵美洲外长会议，以及借助经济援助等旗号将国内大量垄断资本引入拉丁美洲，控制各国经济命脉。军事上，美国强迫拉丁美洲国家与之签订双边或多边军事协定，结成军事同盟。到20世纪50年代中期，美国在拉丁美洲已经建立了400多个军事基地，[1]从而使拉丁美洲各国都处在美国的监视之下。外交上，拉丁美洲依附美国致使该地区沦为美国在世界挑起战争的表决机器。美国利用拉丁美洲在联合国占2/5表决权的优势，使之为朝鲜战争服务。虽然曾有个别

---

[1] 安建国：《战后拉美国际关系的发展》，《拉丁美洲研究》1987年第3期。

国家公开反对美国的霸权行径，但最终不得不改变对这场侵略战争的态度。

（二）追求独立外交

依附大国导致拉丁美洲国家的国家主权被践踏，国家利益受损，于是拉丁美洲国家果断抛弃原来的依附政策，转而选择独立外交政策。从古巴革命到20世纪60年代末是拉丁美洲国家独立自主外交政策的开端，从20世纪60年代末到80年代初为拉丁美洲国家独立外交政策的形成时期。

1. 独立外交政策产生的原因

战后初期，因为其他西方国家无暇他顾，美国一举将整个拉丁美洲纳入本国势力范围。直到1959年古巴革命的胜利，拉丁美洲掀起新的反霸反美风暴，极大地鼓舞了拉丁美洲长期受压迫的人民。同时，美拉经济贸易中的不平等也加快了拉丁美洲独立政策出台的进程。拉丁美洲一直被美国视为原料供应地，其以低廉的价格从拉丁美洲进口石油、铁矿等进行工业生产，而加工的工业品又以昂贵的价格重新出口到拉丁美洲国家。第二次世界大战后，廉价原料和昂贵成品之间的"剪刀差"越来越大，占统治地位的资本主义对拉丁美洲变本加厉地剥削掠夺，激怒了拉丁美洲国内各个阶层，使得拉丁美洲国家的反抗情绪越来越强烈。

政治上，在独裁者越来越肆无忌惮的高压政策下，社会阶层固化，工会被取消，劳动者对自身社会权力的任何要求都被视作对政权的挑战，工资被固定在最低水平，人民生活更加困苦。1950年，美国开始盛行麦卡锡主义，其鼓吹的反共极右思潮，对拉丁美洲国家毫不尊重的调查和施压，加之"天定命运"[1]的传统思想下，对拉丁美洲国家文化价值的忽视和践踏，都极大伤害了拉丁美洲国家的"自尊心"。

---

[1] 徐世澄主编：《美国和拉丁美洲关系史》，社会科学文献出版社2007年版，第41页。

同时，随着冷战缓和、苏联领导人的更替、第一颗人造卫星进入轨道，美国在科技领域的垄断地位被打破，拉丁美洲对美国的依赖情结开始消减。1955年，第三世界发起的轰轰烈烈的不结盟运动，让拉丁美洲国家看到美苏阵营之外的第三种可能性，即第三世界国家联合起来将是一股不可小觑的力量，可以独立地在国际上发出自己的声音。

2. 独立外交政策的形成过程

政治上，拉丁美洲要想争取独立，首先要推翻独裁政府，反对寡头统治，将国家权力牢牢掌握在自己手里。1959年的古巴革命打响了拉丁美洲国家独立的第一枪，卡斯特罗建立了新的政权体制，使古巴以崭新的面貌出现在世界舞台上。1964年巴拿马开始的反美运动，1965年多米尼加的民主革命，沉重打击了美国在拉丁美洲地区的反动统治，撼动了美国的霸权。

经济上，拉丁美洲国家迈出了维护和收回国有资源的步伐，反对国外垄断资本的强占和抢夺。20世纪60年代后，拉丁美洲国家纷纷将外国资本控制的石油、铁、铜等工业资源收归国有，采取这类措施的国家之多、回收资源的范围之广，在世界范围内产生了巨大影响。[1]

外交上，拉丁美洲积极推进一体化，加强南南合作。为了消除各国间的贸易和关税壁垒，1962年，哥斯达黎加、危地马拉、洪都拉斯、尼加拉瓜、萨尔瓦多5国组成了发展中国家区域性经济合作组织——中美洲共同市场。随后，安第斯集团、亚马孙合作条约组织等也应运而生。虽然这些组织的一体化程度有限，合作机制、政策落地效果也不尽如人意，但不可否认的是，这些一体化组织，在融通拉丁美洲市场、实现资源人力更好配置流通方面发挥了不可替代的作用。值得一提的是，为了保护本国原材料资源，由委内瑞拉等国牵头成立了世界上第一个原料出口国组织——石油

---

[1] 苏振兴、徐世澄：《战后拉丁美洲的反帝反霸反殖斗争》，《拉丁美洲丛刊》1982年第5期。

输出国组织（简称欧佩克）。欧佩克组织不仅包括拉丁美洲国家，还包含伊拉克、沙特阿拉伯等域外国家，加强了拉丁美洲地区与世界的联动，共同对抗西方国家对石油开采及定价权的垄断，提升自己的话语权。

在重建国际政治经济体系方面，拉丁美洲国家也留下了浓墨重彩的一笔。亚非拉地区长期遭受帝国主义、殖民主义、霸权主义的压迫，因此，三个地区联合起来，集体反帝、反殖、反霸。在1963年第18届联合国大会贸易与发展问题会议上，75个发展中国家发表联合宣言，形成七十七国集团的雏形。1964年，在第一届联合国贸易和发展会议上，七十七国发表联合宣言，七十七国集团正式形成。七十七国集团在反对不公平的国际经济体系，促进南南合作，推动南北对话，切实维护发展中国家权益方面发挥了重要作用。

（三）寻求地区一体化

拉丁美洲国家寻求区域一体化始于1960年，直到今天仍在继续探索这一进程。区域一体化的潮流跟随经济全球化而来，在第三世界中，拉丁美洲地区一体化因起步早、涵盖规模大而受到瞩目，虽然地区一体化过程并非一帆风顺，但拉丁美洲国家仍然矢志不渝地推动地区一体化进程向前发展。

1. 地区一体化的演进过程

拉丁美洲地区一体化的思想渊源可以追溯到19世纪西蒙·玻利瓦尔提出的"美洲主义"，[1] 其中心思想是通过建立一个统一的美洲联盟以共同抵抗侵略者，在这一思想的指导下，拉丁美洲地区先后成立了美洲共和国国际联盟等一体化组织，最终却因为各方利益冲突而宣告破产。拉丁美洲地

---

[1] 王益明、龙燕宇：《新功能主义视角下拉美一体化进程探析》，《西南科技大学学报（哲学社会科学版）》2020年第3期。

区是世界一体化进程最早开始的地区,一体化也是拉丁美洲国家联合自强的勇敢尝试之举。虽然一开始在实践上没有取得成功,但玻利瓦尔思想为后来的一体化提供了理论基础。

拉丁美洲地区当代一体化进程兴盛于 20 世纪 60 年代,彼时一体化组织主要服务于各国的经济发展。比较有代表性的安第斯共同体诞生于 20 世纪 60 年代末期,主要成员国包括智利、秘鲁、厄瓜多尔、玻利维亚、哥伦比亚。经过数十年的发展,成员国之间的一体化程度逐渐加深,其宗旨是充分利用本地区资源,取消成员之间的关税壁垒,构建共同市场,促进成员国平衡协调发展,加速地区经济一体化进程。

20 世纪 80 年代初,拉丁美洲一体化协会成立,这是该地区最大的经济合作组织,协会的主旨是推动地区合作,实现本地区经济的一体化。与此同时,加勒比地区的经济一体化从 20 世纪 90 年代开始也在不断深化。1973 年拥有 15 个成员国的加勒比共同体成立,并于 1994 年以加勒比共同体为核心建立加勒比国家联盟,成员国扩大到 25 个。1996 年,成员国外长在哥斯达黎加举行了会议,集中讨论成员国联手在贸易、旅游以及缉毒方面进行合作。1997 年加勒比共同体领导人同意为组建统一市场而达成协议,同时加强与中美洲的经济谈判,若两个地区的一体化能够实现,将对整个拉丁美洲地区的发展和繁荣稳定起到重要作用。1998 年 11 月,拉丁美洲一体化协会吸收古巴作为其新成员,这意味着拉丁美洲所有国家已加入一个或者多个区域或次区域组织。

2. 地区一体化的制约因素和挑战

诚然,拉丁美洲地区为追赶一体化潮流作出了极大的努力和贡献,但现实中仍有诸多因素限制着地区一体化的发展。经济上,拉丁美洲各国的贸易结构类似,互补性不强,以至于常常因竞争关系而发生贸易摩擦。例如,中美洲地区和加勒比地区有相似的气候,两地都盛产香蕉、可可等,香蕉甚至成为某些国家出口的支柱产业,为此,在对外贸易上容易形成竞争关系,矛盾迭出,更有甚者在世界贸易组织进行反倾销诉讼。政治上,进入 20 世纪

90年代以来，拉丁美洲各国才终于结束中美洲战乱，推翻了军政府统治，真正实现了民主，出现了稳定的国内政治局面。但是历史遗留下来的"心结"使拉丁美洲国家相互之间充满了怀疑和不信任，很难真正同心同力促进一体化。国家间差异上，该地区国家间发展水平差距较大，弱国害怕与地区相对富国之间的比较优势进一步拉大，进而对一体化心存疑虑。

首先，大国干预和控制一直持续影响着地区一体化进程。不公平的国际政治经济体系依然存在，大国依然掌握着重要的发言权，小国在诸多重大国际问题上只能唯大国马首是瞻而无法深入参与。其次，经济全球化背景下，拉丁美洲各国的经济、金融存在巨大风险，互联网和信息技术的飞速进步，虚拟资本、电子货币等大行其道，加剧了拉丁美洲地区经济、金融的不安全和不稳定性。最后，综合这两年最大的国际事件新冠疫情来看，疫情造成各国不同程度的停工停产，失业人数激增，居民收入下降，进而社会结构下沉。为了保护本国企业，尽快恢复经济发展，各国掀起贸易保护主义浪潮，设置贸易壁垒，导致彼此猜疑加重，不利于一体化的推进。

三、拉丁美洲外交面临的主要问题

拉丁美洲国家自推行独立外交政策以来，在国际社会的影响力和认可度不断上升，地区一体化进程虽有挫折，但依然取得不俗成就，然而外部大国影响、地区内部矛盾等因素仍旧是拉丁美洲外交面临的不可忽视的阻碍。

（一）外部大国的影响

1. 宗主国对拉丁美洲外交的影响

拉丁美洲大陆宗主国的更替也是世界霸权的更替，以西班牙、葡萄牙等为代表的宗主国对拉丁美洲实行长达几个世纪的统治，对这片大陆的影响直到今天仍未完全消除。西班牙、葡萄牙进入美洲意味着美洲从封建主义向专制主义的过渡，但是两个国家自身还没有彻底经历革命进程，因此它们带给拉丁美洲的也是资本主义发展前的森严的等级制度及专制主义。尤其是西班牙在殖民时期推行的"纵向统治"①，由它领导殖民地，自上而下地传达命令，进行统治，不允许拉丁美洲国家、地区之间进行往来，这导致拉丁美洲地区彼此之间长期处于相互隔绝的状态。

西葡两国在拉丁美洲地区存在领土争端，有时甚至兵戎相见。尽管教皇为了调解两国之间的矛盾试划定过"教皇子午线"②并签订条约，但未能消除两国对地区划分的分歧，分歧主要集中在今天的巴西和拉普拉塔河交界地区，并且遗留至今。如今的巴西和阿根廷仍然会为了争夺该地区领导地位而发生摩擦。

拉丁美洲国家因为宗主国殖民遗留的问题主要包括：首先，不经过彻底的社会变革，现代化制度很难在此落地；其次，殖民统治带来的外来干预至今未能被彻底清除；最后，历史遗留的边界和领土问题，成为拉丁美洲一体化的重要阻碍。

2. 美国对拉丁美洲外交的影响

美国因为地理上与拉丁美洲毗邻，所以与该地区有了密不可分的联系。拉丁美洲独立之初，为了保住来之不易的独立，选择依附在美国的"门罗主义"下，被迫在美国的旗帜下进行活动。自1959年古巴革命胜利开始，拉丁美洲开始探索独立之路，虽然中途遭遇过地区动荡、债务危机等阻碍，但拉丁美洲的"离美倾向"并没有改变，仍然在积极进行多元外交尝试，并加强同欧盟和亚洲国家的联系。近年来，由于巴西、阿根廷、

---

① ［委］D. 博埃斯内尔著，殷恒民译：《拉丁美洲国际关系简史》，商务印书馆1990年版，第38页。
② ［委］D. 博埃斯内尔著，殷恒民译：《拉丁美洲国际关系简史》，商务印书馆1990年版，第22页。

墨西哥等国在国际社会愈加活跃,美国不得不重新重视拉丁美洲。虽然在移民、贸易方面拉丁美洲与美国相互掣肘,但鉴于美国仍是拉丁美洲地区最大的贸易和投资伙伴,相比其他国家,美国对拉丁美洲影响巨大。美国依然可以借反恐、缉毒、打击国际犯罪等名义,加强对拉丁美洲地区的军事控制。此外,美国通过经济援助、进行经济合作等方式拉拢一部分拉丁美洲国家,打压另一部分不顺从国家,借用拉丁美洲各国宣传美国观念,以实现其政治目的。

3. 欧洲国家对拉丁美洲外交的影响

步入20世纪以来,为了进一步摆脱美国在西半球的霸权,拉丁美洲外交不断向前发展。拉丁美洲与欧洲在各自推进一体化的同时,也开启了地区层面的互动。

二战以来,欧拉关系可以分为四个阶段:第一阶段,1945—1968年低潮期。这一时期欧洲主要关注本地区一体化事务,克服一体化过程中出现的问题,以便建立一个"统一的欧洲"①,因此与拉丁美洲的互动往来并不活跃,欧洲与拉丁美洲交往的主要目的是消除拉丁美洲对于欧共体建立后自身竞争力减小的顾虑,双方的联系仅处于前宗主国与殖民地之间的有限往来。

第二阶段,1969—1990年磨合期。1969年海牙峰会,欧共体决定重启与各国人民的友好关系。随后欧共体与巴西、乌拉圭等国签订了非特惠双边贸易协定。同时,欧共体同意对中美洲国家的财政以及粮食援助政策,在西葡两国入欧后,欧拉联系加强,但又因为20世纪80年代的债务危机戛然而止。

第三个阶段,1991—2008年快速成长期。世界格局的突变刺激了欧盟的出现,为了营造一个更和谐的国际环境,欧盟更加重视第三世界的发展。而拉丁美洲民主化进程以及南方共同市场等次区域组织也成功吸引了

---

① 崔守军、梁书砜:《欧盟对拉美政策:演变、机制与挑战》,《欧洲研究》2018年第3期。

欧盟的关注。2006年，欧拉成立了欧洲拉丁美洲议会大会，双方关系通过议会形式得到了强化。

第四阶段，2009年以来的全面发展期。21世纪恐怖主义的日渐猖獗使欧盟不断强化外交政策，为了满足东扩的需求，欧盟自身也进行了一系列改革。在针对拉丁美洲的外交中，欧盟主要采用了价值观外交和利益外交。价值观外交方面，几乎所有拉丁美洲国家都得到欧盟的人权民主援助，为了强化价值观，欧盟设立了"伊拉斯谟世界计划"，为非欧洲地区的拉丁美洲学生提供丰厚的奖学金，鼓励非欧洲地区学生前往欧洲学习。利益外交方面主要涉及基础设施建设、投资等。1993年，欧洲投资银行开始了在拉丁美洲的第一笔投资，截至2016年共投资了拉丁美洲16个国家的100多个项目，累计资金总额达到70亿欧元。欧洲投资银行主要是为拉丁美洲的基础设施建设服务，推进地区的一体化。2019年6月28日，面对快速变化的国际形势和错综复杂的地区局势，欧盟和南方共同市场基于各自利益，彼此妥协让步，最终成功签订了自由贸易协定备忘录，双方约定互相减免关税，由此双方关系得到进一步发展。

（二）独立之路艰难

1. 独立外交的理论渊源

拉丁美洲独立外交政策的出台很大程度上归功于拉丁美洲兴起的中心－外围理论。中心－外围理论的主要代表人物是阿根廷的经济学家劳尔·普雷维什，该理论是依附理论的前身，同时也是拉丁美洲的学者们代表拉丁美洲发出属于自己的"第三种声音"[1]，打破了长期以来西方国家对国际关系理论的垄断解释地位。

---

[1] 孙若彦：《依附论与拉美国际关系研究》，《拉丁美洲研究》2006年第3期。

中心-外围理论的主要内容是：世界经济体系呈现中心-外围的结构特征；中心指西方强国，而其余不发达国家则处在外围，外围对中心的结构性经济依附导致外围国家持续的不发达；要打破这种模式，外围国家必须改变不合理的国内、国际经济结构。

新马克思主义的代表学者们吸收了中心-外围理论，构建起一个更为宏大的依附理论。他们认为，拉丁美洲的经济发展被外部的资本主义国家控制了，资本主义国家越扩张，拉丁美洲国家的经济发展就越困难。新马克思主义的学者们并不倡导以温和改良的方式打破这种现状，而是倡导暴力革命。20世纪六七十年代，西方新现实主义蓬勃发展时，拉丁美洲本土也有了自己的依附理论，国际上出现了新现实主义与依附理论对峙的局面。

20世纪70年代，拉丁美洲掀起用依附理论框架研究拉丁美洲外交政策的高潮，主要解释和解决不发达的问题。随后，依附理论被纳入国际政治经济学的三大理论之中，依附理论以不发达国家为视角，诠释了经济与政治的关系，代表拉丁美洲发声，引发学术界关注发达与不发达的问题，冲破国际关系理论的主流，为第三世界国家提供对外政策选择，同时刺激了第三世界国家为争取本国权益而努力抗争。

2. 独立外交面临的障碍和挑战

随着拉丁美洲民族意识的觉醒，独立外交政策在多元化道路上稳步发展。然而独立之路并非一帆风顺，仍有许多障碍和挑战有待克服。

政治上，拉丁美洲政体不够稳定，难以创造出和谐的施政环境。仅19世纪前半叶，玻利维亚就发生过60多次革命，委内瑞拉有50多次起义。[①] 到20世纪上半叶，虽然民主革命初见成效，拉丁美洲国家相继建立起了主权国家，但是政治民主化的道路依然布满荆棘、艰难曲折。20世纪70年

---

① 王斐：《拉美现代化进程中的民粹主义研究》，中共中央党校研究生院2019年博士学位论文。

代，军事政变席卷整个拉丁美洲，拉丁美洲成了军政府的天下。除了掌权者的频繁更替，各国政治体制的缺陷也在影响着拉丁美洲的独立外交。因为缺乏民主传统，没有时间和空间试错调整，拉丁美洲的政治体制更像西方民主体制的"试验田"，只是照搬和引入西方的政治体制，很难在这片大陆上产生积极的实际效果。同时，美国的干预和控制始终影响着拉丁美洲的发展。

经济上，对外长期依赖导致拉丁美洲经济自主权缺失。从殖民到独立，拉丁美洲国家在经济上一直依附于西方大国创建的国际经济体系，虽然也曾为改变不合理的国际经济体系而不懈努力，但收效甚微。拉丁美洲国家因为依附而丧失了创新的动力和能力，不能独立发展，加之实力不足，只能选择依附，由此形成恶性循环。国家间、国内阶层间贫富差距不断扩大，导致国家经济发展水平不高，民众心里容易滋生不满。农业机械化生产将剩余劳动力赶向城市，大量农村人口涌入城市，但是城市就业岗位已经趋于饱和，剩余劳动力被迫进入非正规部门，但由于福利得不到保障，从而带来隐性的失业风险，这又加剧了两极分化。

（三）多层一体化的发展

1. 一体化发展领域面临的阻碍

近年来，由于国际经济市场持续低迷以及国际体系的结构性矛盾，拉丁美洲地区出现严重的发展赤字，新冠疫情来势汹汹，各国治理能力面临严峻挑战，国内爆发大规模游行示威活动，地区不稳定性持续上升。拉丁美洲一体化的初心在于同心协力提升经济发展能力，促进地区稳定。饱经考验后，如今的拉丁美洲呈现明显的去区域化倾向，各一体化组织内部章程及运行模式也亟须深化和完善。政治生态的不稳定、经济增长乏力及外部因素的介入①成为压在拉丁美洲一体化头上的三座大山。

政治生态不稳定的原因主要为各国领导人的更替，使得施政方针改变，对一体化的态度也发生了变化。2018年大选之后，墨西哥、巴西等国迎来了新任领导人，这就意味着前任领导人的政策以及各国政府之前达成的共识很难再持续。此时，拉丁美洲地区政府更替的总体趋势为右翼政党在民粹主义的支持下掌握了国家权力，在一体化内部新的施政方针下，对旧有的国家关系以及一体化的看法也出现了转圜。例如，巴西前右翼总统博索纳罗上任之后在外交上释放的信号表明其更加重视与发达国家而非发展中国家的关系，这就意味着巴西之前参与的一体化组织在巴西国家战略中的地位下降，一些一体化组织走到了存续的分岔路口。

经济上的增长乏力则主要体现在拉丁美洲国家在全球经济结构转型升级的浪潮中缺乏内生性动力。国际分工格局逆转、知识取代物质、技术取代军事成为国际竞争的新要点，网络和信息技术的普及使得经济发展模式发生了新变化。以大型跨国公司为主角的经济竞争更显白热化。跨国公司在跨国交易、世界投资中为本国的垄断资本向世界国家的主权发起挑战，而拉丁美洲至今仍然缺少这样的超巨型跨国公司来扩大本国的对外影响力。此外，高科技产品对技术的要求也越来越高，劳动力在生产链中的比重越来越低，人才成为竞争的决定要素。而拉丁美洲的教育，以及对人才的吸引力远不如其他国家。由此导致拉丁美洲国家经济转型迟迟跟不上世界经济发展的步伐。传统行业里，许多国家为了吸引外资，推出不同程度的优惠政策，由此大量的低成本国家进入了国际市场，拉丁美洲过去倚重的劳动密集型加工业，如服装、食品等在国际上出现了供过于求的现象，拉丁美洲在这类商品生产上的优势地位荡然无存。劳动力产品的需求减少、产能过剩，拉丁美洲转向生产中间技术型产品，但随后遭遇东亚新兴经济体的激烈竞争，导致效益减少，贸易逆差进一步拉大。经济结构调整的不完全成功以及传统产业竞争优势的流失，使得拉丁美洲国家在经济发

---

① 何露杨：《拉美一体化为何出现停滞甚至倒退》，《世界知识》2021年第18期。

展中面临着双重挤压，拉丁美洲国家对此的解决政策是和地区外的一体化组织合作，寻求在别的一体化组织中谋求新的发展，例如，拉丁美洲国家积极参与《全面与进步跨太平洋伙伴关系协定》，充分利用亚太经合组织的平台等，而地区内部区域、次区域的一体化则受到冷落。

外部因素的介入主要表现为在美国的影响下，地区的一体化组织成为美国操纵地区国家的工具，由此导致部分一体化组织陷入瘫痪，甚至名存实亡。为了排除他国在拉丁美洲的影响力，美国将拉丁美洲作为地区的博弈场，积极鼓动拉丁美洲地区新任右翼政府组建新的一体化组织，取代原来的南美洲国家联盟，以此作为契机强化对拉丁美洲的地区控制，至此，拉丁美洲地区的一体化进程遭受层层阻碍，艰难前行。

2. 一体化的前景展望

20世纪80年代至90年代，拉丁美洲地区先后经历了债务危机以及中美洲的战乱和动荡，每当出现国际危机、国内金融动荡时，各国政府都会调整各自政策，在结构重组时不可避免会产生嫌隙和摩擦，但在一体化进程的影响下，各国关系呈现总体向好的趋势。未来全球化、区域化的脚步不会就此停止，合作沟通仍然是处理国际关系的主流方法，作为联合自强的有效途径，拉丁美洲各国将从过往的合作经验中吸取教训，获得启示，完善一体化组织的章程以利于一体化组织更加高效运行，实现劳动力和资源的更优流通配置，建立统一关税联盟或共同市场，从而向地区统一大市场不断奋进。

首先，到21世纪，国际环境的变化、美国对中国开展的战略竞争等因素都影响着拉丁美洲的一体化进程。美国积极推行的保护主义和新兴市场的崛起对拉丁美洲的冲击加速了拉丁美洲一体化组织发展方向的转移。美国保护主义带来的外溢效应、新兴市场的不断扩大，为拉丁美洲一体化走向更大型、涵盖范围更广的区域经济协定创造了条件。

其次，与亚太地区新兴市场国家进行一体化的交流互通将成为拉丁美洲一体化的重要渠道。亚太地区合作平台的不断完善，近年来热议的数字经济、区域联通等议题①，以及未来可能的亚太自由贸易区等都将吸引拉丁美洲国家与亚太地区国家进行合作，为拉丁美洲一体化助力。

最后，拉丁美洲地区内部各个国家进行经济结构的调整互补以及基础设施的共享共建等将成为拉丁美洲一体化内部国家努力的主要内容。内部贸易结构的趋同以及各国在进行经济改革时的滞后性，使得拉丁美洲国家常常处于求发展而不得的境地。基础设施建设是一体化的重要后勤保障，交通的通达程度，决定了物流的运转速度，完善的交通网络对外商更加具有吸引力。为此，拉丁美洲国家必须积极进行改革以克服经济结构互补性不强和基础设施落后两大难题。

四、拉丁美洲外交典型案例

案例分析法是国际关系中常见的研究方法，通过正反案例对比，从具体的历史事件中把握发展脉络，让国际关系更加鲜明生动。本部分将以拉丁美洲外交的特点为线索，用正反案例展现拉丁美洲外交历史事件的特点。

（一）依附的开始和破灭

拉丁美洲外交的第一个显著特点是对美国的依附，案例选取的依据主要是对大国的依附以及依附的破灭。

1. 案例一：对"门罗主义"的幻想

19 世纪初，拉丁美洲国家虽然先后获得独立，然而新生的政权并不稳

---

① 张勇：《后危机时代拉美地区区域经济一体化形势与展望》，《国际经济评论》2020 年第 3 期。

固,西班牙以及神圣同盟仍然虎视眈眈,企图颠覆新生的民族国家。而与此同时,沙皇俄国早已经视从阿拉斯加到俄勒冈的地区为本国政治版图的一部分,英美对此大为光火,却又各有企图。拉丁美洲国家独立之初,英国就向多个国家发行公债,还取得矿物资源的开采权以及在许多国家的政治特权,神圣同盟和俄国的扩张野心一旦实现,英国的地位必然受到严重威胁。

对于美国来说,美国和拉丁美洲地区唇亡齿寒,拉丁美洲沦陷,美国也会岌岌可危。此外,美国国内的资本主义刚刚起步,需要海外市场进行扩张壮大,拉丁美洲是不二之选。美国在逐渐摆脱英国之后,跻身世界强国之列,便想凭借自身实力分得一杯羹。1823年,美国总统门罗以年终报告的形式发表宣言,史称"门罗宣言"。报告提出,"今后美国不得干涉欧洲列强的事务,欧洲列强也不得再在美洲开拓殖民地,任何影响美洲独立的行为都将被视为对美国的敌视,即美洲是美洲人的美洲"。

不可否认,"门罗主义"最开始受到了拉丁美洲国家的欢迎和好评,也在一定程度上削弱了列强对拉丁美洲的侵略野心,维护了拉丁美洲国家的独立,但究其实质,"门罗主义"只是美国干涉拉丁美洲事务的掩护,可以视作美国扩张意识的展示。

2. 案例二:美墨战争

起初,拉丁美洲大多数国家对"门罗主义"还抱有期待,时任哥伦比亚副总统的弗朗西斯科·桑坦德尔将军受"门罗主义"鼓舞,派代表邀请美国参加1826年的巴拿马会议,甚至巴西等4个拉丁美洲国家还设想依据"门罗主义"与美国建立攻守同盟。然而,所有的幻想在1846年的美墨战争中化为灰烬。

1845年,美国通过步步蚕食的手段吞并了原属墨西哥的得克萨斯地区,消息一出,墨西哥全国人民盛怒,墨西哥断绝了与美国的外交关系,并拒绝以格兰德河为界。1846年墨美双方在格兰德河的一场小规模交火被美国捏造成为墨西哥挑起战争的理由,直到5月12日参众两院通过战争决议，5 月 13 日美国正式向墨西哥宣战。由于两国实力悬殊，加之墨西哥国内政府动荡交替，战争在 1848 年画下最后一笔，墨西哥临时政府和美国签订城下之盟，向美国割让了加利福尼亚、亚利桑那全部地区，科罗拉多、内华达等部分地区，后来美国又利用胡亚雷斯政府财政紧缺的弱点，以 400 万美元的代价获得穿越特万特佩克地峡的永久权利。美墨战争结束之时，墨西哥前后共丧失近 55% 的领土。美墨战争使墨西哥蒙受重大损失，是对国际法的无情践踏，严重挫伤了拉丁美洲国家和人民追求和平的信心，使得拉丁美洲的离美倾向与日俱增。

从对"门罗主义"心存幻想，渴望美国扶植拉丁美洲使拉丁美洲强大，到美墨战争中美国对墨西哥的无情掠夺，拉丁美洲国家意识到"依附"的最终结果只能使国家利益受损，任人鱼肉，要想在国际社会占据一席之地，一扫落后、被殖民的阴云，只能转向寻求独立。

（二）为独立付出的努力和遭遇的挑战

依附外国给拉丁美洲国家带来沉重的损失，随后拉丁美洲国家逐渐依靠自身力量，探索独立外交政策，以下案例体现拉丁美洲国家为获得民族独立所付出的努力，以及独立面临的挑战。

1. 案例一：古巴革命

1952 年，美国扶植的古巴反动军政府富尔亨西奥·巴蒂斯塔通过政变上台，因不满军政府的高压统治，菲德尔·卡斯特罗于 1953 年领导了一支青年军队攻打圣地亚哥失败，随后卡斯特罗被捕入狱。1955 年古巴大赦，卡斯特罗出狱，随后继续开展革命运动。因为双方人数以及武器装备的差距，卡斯特罗在全国广泛集结爱国青年，开始了游击战。1958 年，在全国爱国力量的配合下，卡斯特罗领导的革命队伍向巴蒂斯塔政府发起最后总攻。1959 年，巴蒂斯塔流亡国外，古巴革命取得胜利。

胜利后的古巴开始了紧锣密鼓的国家建设，摧毁旧的国家机构，没收巴蒂斯塔党派的财产，将以前外国大资本家控制的厂矿全部收归国有，接管国家银行，由新政权管控国家石油、矿产等产业。并且通过两次土地改革、收回租借地等形式，彻底掐断了美国在古巴的经济命脉。

古巴革命胜利是具有划时代意义的重大事件，它极大地鼓舞了拉丁美洲人民的反帝、反殖、反霸斗争，同时也意味着美国在拉丁美洲霸权的衰落。

2. 案例二："猪湾事件"

古巴革命的胜利让美国在当地的利益受损，在拉丁美洲不能再只手遮天，眼见自己的"后院"想要自立门户，美国对新生的古巴政权充满仇视和不满。除了对古巴进行全面的经济封锁以外，美国借用古巴对战犯的处置问题，在国际上发起对古巴的大规模诽谤运动，怂恿危地马拉、多米尼加等国一同扼杀古巴革命政权。通过美洲国家组织等企图孤立古巴，建立统一的"反古战线"，同时积极资助古巴国内的反政府组织，妄图颠覆古巴社会主义政权。

1960年，美国政府组织了危地马拉和尼加拉瓜的古巴流亡分子，雇佣他们侵入古巴的战略要地。1961年，美军飞机对哈瓦那等地实行了大规模轰炸，1000多名雇佣兵在飞机和军舰的掩护下，从古巴吉隆滩附近的猪湾、长滩等地登陆，古巴军民奋起反抗，经过三天的激战成功击退了侵略者，并将入侵事件昭告世界，随后美国总统肯尼迪被迫宣布对此事负责。"猪湾事件"中，古巴人民捍卫了自己的革命成果，同时也是对美国霸权的一次响亮回击。

古巴人民依靠坚强的意志，坚持走自己的发展道路，但是追求独立自主的过程并非一帆风顺。"猪湾事件"后美国对古巴新政权恨之入骨，拉丁美洲独立仍然有很长的路要走。

（三）寻求地区一体化的成就和遭遇的挫折

在寻求地区一体化的过程中，有成功也有失败，以下选取一体化的成功案例，以及因为关系恶化而导致失败的案例。

1. 案例一：南方共同市场的成立

20世纪80年代债务危机期间，拉丁美洲国家在结构性经济危机的影响下遭受重挫。20世纪90年代初，冷战结束，相较于冷战时期意识形态对抗，各国把发展的重心放到经济建设上来。东亚和东南亚因为日本的崛起和投资大为受益，南欧凭借欧共体的"东风"也在大步前进，东欧也想要复制南欧的道路，面对世界区域一体化浪潮，为了避免成为"边缘化"国家，拉丁美洲国家也在积极谋划地区一体化事宜。

对拉丁美洲国家来说，尽管有相似的历史经历和地理邻近的优势，但彼此之间很难务实推动合作。历史遗留下来的领土边界问题、对自然资源丰富地区的争夺以及各国不同的发展设想，一度成为拉丁美洲国家无法释怀的"梦魇"。因为形势变化，需要摒弃猜忌和争端，及时推动合作进程。1991年，巴西、阿根廷、巴拉圭、乌拉圭四国签订最终决定建立南方共同市场的《亚松森条约》。1994年，四国总统最终签订《欧鲁普雷图议定书》，宣告南方共同市场最终成立，并于1995年1月1日投入运行。

南方共同市场促进了四国在金融、能源等领域的合作，拉动各国经济增长，为拉丁美洲一体化助力，有利于增强拉丁美洲国家在国际谈判中的地位。

2. 案例二：洪都拉斯和萨尔瓦多战争

1969年，洪都拉斯和萨尔瓦多之间爆发战争，也被称为"足球战争"。洪都拉斯和萨尔瓦多是中美洲两个盛产香蕉的国家。大批萨尔瓦多人为了到洪都拉斯的美国公司工作，通过移民或者非法偷渡等方式前往洪都拉斯。1968年，洪都拉斯洛佩斯·阿雷利亚诺政权遭遇困境，国内经济状况急剧恶化，局势动荡，洪都拉斯政府将发展困境归结到30万萨尔瓦多移民身上，认为是大量移民扰乱了国内秩序。

1969年1月，洪都拉斯政府拒绝与萨尔瓦多续签保证两国公民在边境地区自由流动的《1967年双边移民条约》。4月，洪都拉斯政府借口出生地问题，开始剥夺萨尔瓦多移民在农业改革中获得的土地。与此同时，洪都拉斯在媒体上发动宣传攻势，有意夸大萨尔瓦多移民对本国工人失业和工资下降所造成的影响。5月下旬，萨尔瓦多移民开始离开洪都拉斯返回人口众多的祖国。而萨尔瓦多当局也欲借此将本国移民在洪都拉斯占据的地盘囊括进自己的版图。两国关系因此而持续紧张。

1969年6月，为了进军在墨西哥举行的第9届世界杯足球赛，两国足球队都想要在比赛中独占鳌头。首场比赛前夜，洪都拉斯粉丝在萨尔瓦多球员休息的酒店前狂欢了一夜，第二天萨尔瓦多足球队大败。第二场比赛前，萨尔瓦多球队粉丝选择了"以牙还牙"的报复方式。进行完第三场比赛时，洪都拉斯人因为输球恼羞成怒，开始对国内萨尔瓦多人进行迫害，致使大批移民逃回萨尔瓦多。6月27日，两国宣布断交。7月14日，萨尔瓦多首先对洪都拉斯采取军事行动，战争爆发。最后，双方都没有取得决定性胜利，造成双方死亡约4000人。这场战争使中美洲共同市场停摆了近12年，可以说是拉丁美洲一体化史上一次重大的失败案例。

为了顺应时代潮流，促进彼此共同发展，拉丁美洲国家之间可以摒弃前嫌走到一起，一体化是各个国家联结的载体，但是国家间仍会因为利益冲突而打破一体化带来的平衡，南方共同市场的成立以及洪都拉斯和萨尔瓦多的战争惊醒了拉丁美洲国家，一体化道路仍任重而道远。

五、拉丁美洲外交拓展阅读

（一）外交学学科知识拓展阅读

［美］亨利·基辛格著，顾淑馨、林添贵译：《大外交》，海南出版社2012年版。

［英］哈罗德·尼科松著，眺伟译：《外交学》，世界知识出版社1957

年版。

吴建民：《外交与国际关系：吴建民的看法与思考》，中国人民大学出版社 2006 年版。

谌华侨等编著：《趣味外交学》，时事出版社 2019 年版。

（二）外交学研究方法拓展阅读

吴建民：《外交案例》，中国人民大学出版社 2007 年版。

熊炜编著：《外交谈判》，北京大学出版社 2014 年版。

金桂华：《话说外交调研》，世界知识出版社 2002 年版。

（三）拉丁美洲外交拓展阅读

拉丁美洲外交历史研究

［委］D. 博埃斯内尔著，殷恒民译：《拉丁美洲国际关系简史》，商务印书馆 1990 年版。

徐世澄主编：《美国和拉丁美洲关系史》，社会科学文献出版社 2007 年版。

柳思思：《拉美国家政治经济与外交》，知识产权出版社 2014 年版。

拉丁美洲外交政策研究

张文峰：《当前拉美国家外交政策的基本特点》，《拉丁美洲研究》1996 年第 6 期。

王飞、胡薇：《中国－拉美共建"一带一路"的现状、问题与启示——基于智库研究视角》，《重庆大学学报（社会科学版）》2021 年第 4 期。

安建国：《战后拉美国际关系的发展》，《拉丁美洲研究》1987年第3期。

王红雨、王杰：《战后拉美国家对外政策的演变和特点》，《拉丁美洲研究》1987年第1期。

徐峰：《二十世纪初拉美国家外交政策的转变》，《世界历史》1987年第5期。

黎民：《90年代中国学术界对拉美国际关系的研究》，《拉丁美洲研究》1999年第4期。

苏振兴、徐世澄：《战后拉丁美洲的反帝反霸反殖斗争》，《拉丁美洲丛刊》1982年第5期。

张明德：《浅析拉美国家政治、经济形势和对外关系》，《国际问题研究》2004年第2期。

朱满庭：《七十年代以来拉丁美洲的外交转变》，《拉丁美洲丛刊》1985年第3期。

崔守军、梁书矶：《欧盟对拉美政策：演变、机制与挑战》，《欧洲研究》2018年第3期。

钟月强：《"门罗主义"在拉美的实践——浅析十九世纪美国对拉美的外交政策》，《齐齐哈尔师范高等专科学校学报》2011年第1期。

拉丁美洲一体化研究

方幼封、曹珺：《漫漫探索路：拉美一体化的尝试》，学林出版社2000年版。

徐宝华：《拉美经济与地区经济一体化发展》，中国社会科学出版社2016年版。

张凡：《拉美区域合作和一体化的国别基础、互补与竞争》，《拉丁美洲研究》2017年第5期。

洪国起：《玻利瓦尔主义与拉丁美洲一体化》，《南开学报》1999年第5期。

王纯：《略论拉美一体化的驱动因素》，《拉丁美洲研究》2008 年第 3 期。

韩琦：《简论拉丁美洲的一致性和差异性》，《拉丁美洲研究》2000 年第 3 期。

谌华侨：《拉丁美洲多层一体化刍议》，《国际关系学院学报》2011 年第 2 期。

杨志敏：《政党政治"钟摆"效应与拉美一体化进程》，《中国社会科学报》2007 年第 4 期。

张新生：《拉美经济一体化及发展趋向》，《现代国际关系》1998 年第 12 期。

王晓德：《拉美经济一体化的发展及其前景》，《国际问题研究》1997 年第 4 期。

陈才兴：《拉美区域经济一体化特点及其面临的挑战》，《复旦学报（社会科学版）》2000 年第 2 期。

王益明、龙燕宇：《新功能主义视角下拉美一体化进程探析》，《西南科技大学学报（哲学社会科学版）》2020 年第 3 期。

何露杨：《拉美一体化为何出现停滞甚至倒退》，《世界知识》2021 年第 18 期。

张勇：《后危机时代拉美地区区域经济一体化形势与展望》，《国际经济评论》2020 年第 3 期。

拉丁美洲外交经历自传

朱祥忠：《我的拉美外交生涯》，上海辞书出版社 2009 年版。

朱祥忠：《拉美外交风云纪实》，五洲传播出版社 2019 年版。

六、思考

结合拉丁美洲外交政策特点,分析在新时期背景下中国应该如何与拉丁美洲地区发展更深层次的外交关系。

拉丁美洲地区一体化的历史经验对当代亚太地区一体化有何启示意义?

第六章 拉丁美洲教育：从模仿复制到自主变革的发展之路

一、拉丁美洲教育概况

拉丁美洲是一个多种族地区，有着不同的气候及多样化的群体。拉丁美洲的社会不平等现象较为严重，这种不平等不仅体现在居民收入水平上的显著差距，也突出体现在居民所能得到的教育机会和教育质量方面的差异。长期以来，拉丁美洲大多数国家的教育都实行中央集权的管理体制，缺乏社会的参与和支持。因此，很多国家在进行教育体制改革时，也进行了教育管理"分权化"改革，以便能充分发挥各级地方政府和社会各部门的办学积极性。根据不同历史时期的划分，拉丁美洲教育在各个时期呈现出不同的特点。

（一）拉丁美洲教育发展历程

1. 殖民时期

在 16 世纪 30 年代殖民初期，欧洲大陆仅有 16 所大学，而当时在美国的领土范围内还没有大学。西班牙殖民者踏上拉丁美洲这片"新大陆"后，高等教育在这里应运而生。这一时期的大学基本上是对宗主国西班牙大学办学模式和思想的复制照搬，有着浓厚的殖民色彩。公立大学和具有教会特征的私立大学混合共存是拉丁美洲地区高等教育的主要形态。

总体来看，殖民时期拉丁美洲高等教育的方针、管理体制均照搬宗主国模式，主要目的是为统治阶级培养继承人，课程设置以神学和古典人文学科为主，具有浓厚的宗教性与等级性。虽然整体看来这一时期的教育比较落后，自身发展也面临诸多困难，但不可否认，这些学校为拉丁美洲社会培养了一批公务人员和知识精英，发挥了重要的社会价值。

2. 独立后时期

19世纪初，拉丁美洲掀起政治独立浪潮，教育开始进入发展史上最为动荡的时期。虽然此时拉丁美洲各国纷纷获得独立，但宗主国对其经济文化的影响并没有发生根本性改变。因此，一部分大学因缺乏改革创新精神被新兴政府勒令取消，还有一部分老牌大学经过重新组建、命名得以保留。

正是在这一时期，拉丁美洲新建了一批大学，如布宜诺斯艾利斯大学、圣菲大学、拉普拉塔大学、智利大学、乌拉圭大学等。这些重组或新建的大学肩负着社会的更高期望。虽然它们在发展模式上发生了一些改变，但仍然沿袭了"新大陆"时期陈旧的办学理念。

拉丁美洲国家在政治独立初期，未能彻底摆脱原有社会结构的束缚，教育仍保留着宗主国的殖民主义痕迹。在一些国家，政治和经济秩序仍旧掌握在旧贵族手中，这限制了教学自由、精神自由、学术自由和大学自治。

3. 教育崛起时期

随着拉丁美洲各国经济的迅速发展，到了19世纪末期，原先的大学教育已经不能满足普通百姓对高等教育的诉求，权贵教育的思路到了不得不改革的地步。1918年，阿根廷爆发了影响整个拉丁美洲地区最重要的大学革命，史称"1918大学改革"。这次改革是对原先僵化的高等教育体制的有力冲击，是拉丁美洲地区重新走上自主发展道路的开端。

此次改革让拉丁美洲的大学拥有了更大的自治权力，提升了国民的思想教育水平，促进了拉丁美洲地区的统一和发展。但本次改革并未涉及财政方面，虽然从制度上大学脱离了政府，但从资金上大学并未脱离政府的管辖。虽然这次改革并不完美，但让拉丁美洲的大学发展模式彻底从仿造欧洲的模式中剥离出来，从此拉丁美洲开启了独立发展高等教育的探索之路。

此外，这一时期美国民主办学理念传入拉丁美洲，助推了拉丁美洲教育改革的进程。在改革过程中，教学科研自由、师资竞争选拔、服务社会等成为新常态。学校不再像以往那样只注重人文学科，自然科学和实用学科的建设与发展开始得到重视，公立大学在高等教育体系中的主体地位得到确立。

4. 教育改革时期

20世纪50年代到80年代，拉丁美洲的教育发展取得了很多重要成果，其中最突出的成果莫过于教育覆盖面的扩大和学生注册率的提高。整个拉丁美洲地区的高等教育绝对升学率从1966年的24%增加到1975年的34%。[①] 拉丁美洲教育在这一时期进入黄金发展期，人民教育水平普遍提高。但是，教育质量还存在很大问题，穷人所接受的教育质量与富有阶层还有很大差异。此外，政府无力完全承担因入学率不断上升而日益增长的教育经费，开始探索高等教育经费筹集多元化的改革之路。20世纪70年代以后，受欧洲教育自由化新潮流的影响，教育的"公共消费"理念被"教育市场化"代替，学校提供教育服务，学生选择教育服务。两者之间的"供需"关系给学生提供了自由选择的机会，促使学校不断完善发展，

---

① 张红颖：《20世纪50—70年代拉美教育改革解析》，《教育现代化》2018年第38期。

提供优质服务。

在教育自由化、产业化理念的引导下，拉丁美洲国家随后经历了从政府主导的公共教育发展模式到产业化的新自由主义教育发展模式的转变，私立教育发展迅猛，一时间涌现出大批私立院校。

(二) 晚近状况

1. 20 世纪 90 年代

20 世纪 90 年代，全球政治、经济、社会、文化等领域发生了重大变化，拉丁美洲国家在此期间也经历了深刻社会变革，面临复杂挑战，拉丁美洲的教育体制也发生了重大变化，教育普及程度得到明显提升。与此同时，新的信息技术的出现改变了拉丁美洲国家原有的教育模式，推动了高等教育大众化、国际化的发展趋势。

在这一过程中，各国把最新的技术手段应用于教学之中，社会各界也开始关注教育质量问题，高等教育评估被提上议事日程。

这一时期许多国家采取了一系列教育改革措施，以提高教育质量和公平性。例如，墨西哥开始实施自治学校制度，阿根廷实行分权化管理模式。据 2010 年联合国教科文组织发布的《拉丁美洲教育趋势信息系统》报告显示，在 20 世纪 90 年代的 10 年里，拉丁美洲受教育者年增长率为 1.7%，10 年累计增长率接近 20%。[1]教育改革缩小了社会内部差距，拉丁美洲国家的入学率上升，其中土著居民、非洲后裔、最贫穷阶层和农村地区的教育水平得到了极大提升。总体而言，20 世纪 90 年代教育改革的最大受益者是那些曾经在历史上最容易被忽视的群体。

---

[1] UNESCO IIPE, "Instituto Internacional de Planificación de la Educación: Metas educativas 2021: Desafíos y oportunidades. Informes sobre tendencias sociales y educativas," Buenos Aires: SITEAL, 2010, p.198.

但因拉丁美洲国家众多，各国教育发展水平差异较大：阿根廷、乌拉圭和智利的基础教育普及较早。相比之下，在中美洲国家存在教育面覆盖不足的情况。墨西哥和巴西教育普及速度较慢且教育资源分布不均。尽管如此，两国在拉丁美洲拥有最多的中高等入学学生人数。这一时期拉丁美洲教育改革的成就包括：制定了长期稳定的政策来支持教育发展，国家下放更大的权力和决策权给教育机构，制定实施提高质量和公平性的教学计划和政策，更加关注学习成果、教师薪酬和专业化水平提升等。

2. 2020 年至今

2020 年初，在教育领域负担不断加重之际，新冠疫情席卷全球，以至于在拉丁美洲的许多国家，教育不得不在一夜之间转移到虚拟课堂上。拉丁美洲各国教育部门着手应对，充分利用各类远程教育工具。这些方式对恢复教育提供了帮助，但也带来全新的挑战：如何解决网络、设备和教育资源的不平等。在全新的教育环境下，学生的家庭生活、学习条件以及亲人提供的支持方面的不平等日益凸显。

虽然目前尚无相关统计数据，但专家估计，新冠疫情期间拉丁美洲的辍学率会增加，而其中一些学生将不会再返校，直接进入劳动力市场。尤其是女孩们，很多被留在家里帮助照顾家庭成员。

二、拉丁美洲教育特点

拉丁美洲地区贫富差距大，导致群体分化严重，整体教育体现出不平衡的特点。拉丁美洲包含众多大小不一的国家，包含了诸多不同的种族和文化，体现出教育资源分配不均、差异大的特点。虽说近年来拉丁美洲的教育普及率明显提升，但不同社会阶层在获得高质量教育的机会方面仍存在显著差异。

（一）学前教育：注重多元文化

由于拉丁美洲每个国家都有自己独特的文化，因此学前教育在不同国家之间有所不同。普遍来说，学前教育注重多元化教育，旨在培养孩子的自我认同、尊重他人的多样性。学前教育项目通常会提供多样化的活动和资源，如游戏、音乐、绘画、手工艺和户外探险等。除了鼓励家长积极参与孩子的教育外，许多学前教育项目还依赖于社区成员的支持。这些社区可以是当地政府、非营利组织、志愿者团体等，它们提供经费、设备以及志愿者服务。

拉丁美洲的学前教育已有近百年的历史。早在20世纪初，墨西哥、智利、阿根廷等少数国家已经有学前教育，但直到20世纪70年代以后，学前教育才获得较快的发展。整体来看，拉丁美洲各国政府对学前教育较重视，对学前教育提出了明确要求，但因各个国家国情不同，加上过去进行的经济调整改革加剧了社会不平等的程度。

在拉丁美洲大多数国家，学前教育所覆盖的儿童比例自1980年以来稳步上升，学前教育模式的多样性日益增加。此外，土著群体的学前教育覆盖率低于非土著群体。官方统计数据表明，在墨西哥城的学前教育覆盖率为82%，而恰帕斯州（土著群体高度集中）的覆盖率仅为38%。[1] 其他国家也存在类似的差距。虽然一些国家在缩小贫富差距，平衡城市和农村、西班牙裔和非西班牙裔之间的学前教育方面取得了进展，但这种不平等现象依然存在。

---

[1] Comisión Económica para América Latina (CEPAL) y el Fondo de las Naciones Unidas para la Infancia (UNICEF), "Social Panorama of Latin America," Santiago de Chile, Noviembre de 1994, p. 206.

（二）初等教育：留级和辍学率高

无论是在拉丁美洲还是在世界范围内，初等教育都被认为是面向全体人民的共同教育，在个人和社会层面具有重要意义。如今，初等教育在拉丁美洲已覆盖各个城乡，甚至土著人生活的山区。长久以来，在拉丁美洲社会持续不平等背景下，初等教育在促进社会凝聚力、经济发展和民主共存方面发挥了重要作用。

初等教育是拉丁美洲地区国民教育系统的第二个教育阶段，属于义务教育阶段。在拉丁美洲，初等教育分成5年到9年多种学制，其中，8年以上的学制是把小学和初中阶段合并起来，称为基础教育。拉丁美洲各国小学生入学的年龄有所不同，最早的是5岁入学，最晚的是7岁入学，大部分国家是6岁入学。拉丁美洲各国对初等教育很重视，制定了相关政策，主要包括以下几方面：明确目标，延长义务教育年限；狠抓初等教育的薄弱环节，增加教育机构和设施；增加投资，动员社会各方面的力量办学；采取得力措施提高教育质量。

拉丁美洲几乎所有国家在过去20年中都批准或更新了相关法律来规范初等教育。这些法规在界定每个国家教育部门的权利和确立教育的总体目标方面发挥着重要作用。各国在民族教育、跨文化或多元文化教育方面取得较大进步，提出新的建设思路，但同时也面临一些问题。例如，拉丁美洲教育质量评估实验室在进行区域比较和研究中发现：在拉丁美洲16个国家中，40%的小学三年级学生和60%的六年级学生在阅读和数学方面没有达到所要求的最低水平。[1] 此外，新冠疫情对学生学习成绩造成了重大影响，加剧了教学资源的不平等，出现学生离校后很难再返校的情况。

总体来说，拉丁美洲各国初等教育发展较快，但是普及初等教育的任

---

[1] UNESCO Office Santiago and Regional Bureau for Education in Latin America and the Caribbean, "Informe de resultados TERCE. Logros de aprendizaje," 2015, p. 135.

务仍然没有完成，而且留级率和辍学率都居世界之首。1996 年以来每年约有 1800 万学生留级，约占在校学生总数的 30%，留级率低于 10% 的拉丁美洲国家只有 2 个。小学低年级留级现象最为严重，1988 年拉丁美洲地区一年级留级率高达 46%，六年级留级率为 18%。高留级率严重降低了教育质量，同时给拉丁美洲国家的财政造成巨大负担。此外，初等教育辍学比例也相当高，有些学生是临时性辍学，上学断断续续；有些学生则永久性退学，他们或做童工，或流浪街头。

（三）中等教育：扩张和加速转型

拉丁美洲的中等教育始于 16 世纪中叶，直到二战以后，特别是 20 世纪 50 年代以后，才得到较快发展。20 世纪 60 年代以后，拉丁美洲国家普遍推行进口替代工业化发展模式，资本主义经济有了进一步发展，资本和技术密集型工业部门有所增加，社会对劳动力和专业技术人员需求增大。为此，拉丁美洲各国都对中等教育进行了改革，通过系列政策举措促进义务教育，包括通过制定法律和监管框架，扩大义务教育的覆盖面，并提出对学校组织模式、学术结构和课程的修改建议。这些政策在解决社会、性别、种族和区域不平等方面具有重要作用。一定程度而言，教育系统的重新配置是社会重组过程的一部分。在此期间，拉丁美洲的中等教育经历了扩张并加速转型，教育部门在区域格局中有了新的定位。在这一过程中，拉丁美洲国家确立了一致目标，即中等教育的多样化和科技现代化。各国普遍建立了正规的职业技术教育系统，同时在普通中学增加职业技术课程并建立专门机构，加强对职业教育的指导。虽然结构性问题以及区域和国家特有的不平等现象依然存在，但与此同时也激发了创新和批判精神。

拉丁美洲的中学教育有两种类型：一种仅含高中教育，不包括初中教育在内。另一种则包括初中和高中两个阶段，绝大多数国家的中等教育属于这一类型。拉丁美洲的中等教育分为普通中学和职业技术中学两种。普通中学主要承担向高等学校输送毕业生的任务，而职业技术中学则负责向劳动力市场输出劳动力。

在许多拉丁美洲国家，中等教育强调社会责任和公民意识的培养。学校通常会为学生提供各种社会服务项目和义工活动，以培养他们的领导能力、团队合作精神以及对社会的责任感。

（四）高等教育：快速发展并面临挑战

拉丁美洲的高等教育事业几乎同西班牙殖民者踏上这块"新大陆"同时诞生。从创办第一所大学至该地区殖民末期，一共经历了两个多世纪，其间共建立了 25 所大学，其中 10 所为综合性大学，15 所为各种类型的高等学校。在殖民时期创办的大学中，有 11 所仍是拉丁美洲地区的著名高等学府。①

拉丁美洲高等教育的特点包括快速发展、重视科研、国际化、注重社会责任感培养、科技创新五个方面。

1. 快速发展

近年来，拉丁美洲国家的高等教育得到快速发展，高等教育覆盖率呈稳步上升趋势，许多国家新建了大量的高等教育机构，私立大学也在不断增加。随着高等教育的普及化和扩展化，毕业生人数在快速增加，为经济和社会发展提供了更多人才支持。很多拉丁美洲国家政府也开始加大对高等教育的投资，希望通过提高教育质量和水平来促进国家的整体发展。为了提高教育质量和竞争力，许多拉丁美洲高等教育机构也开始重视科学研究和技术创新，并积极探索科技转移和商业化等途径。

2. 重视科研

为了提高高等教育的质量和国际竞争力，越来越多的拉丁美洲高等教

---

① 王留栓：《拉丁美洲国家公私立高等教育的主要特征》，《外国教育资料》1995 年第 4 期。

育机构开始注重科学研究。为了促进科研和创新，政府出台了很多鼓励政策，如提供科研经费、减免税收等。许多高等教育机构都在加强科研基础设施建设，包括实验室、科研中心等。此外，这些机构也开始积极引进国内外优秀科研人才，通过与国际学术界的交流合作来提高科研水平。

为了满足社会对于高级专业人才的需求，许多拉丁美洲国家的高等教育机构也开设专业学位课程，如工商管理硕士、法律硕士等，从而培养更多具备实践经验和创新意识的高级专业人才。

3. 国际化

为了适应全球化的趋势，拉丁美洲地区的高等教育机构开始向国际化方向发展。许多高等教育机构开始引进外籍师资，提供双语或英文授课的课程，以丰富课程内容和教学方式。为了提高国际化程度，这些高等教育机构积极开展招收国际留学生的活动，从而提高学校的国际声誉和知名度。同时，它们也积极参加国际性学术会议，并邀请外国专家教授来访交流，促进与国际学术界的交流合作。此外，许多拉丁美洲高等教育机构也与海外高等教育机构建立学术合作项目，共同推进科学研究和教学改革。

总体来说，拉丁美洲国家接受跨国教育的人数在持续增长，高等教育正在逐步朝着国际化方向发展，它们希望通过与国际接轨来提高教育质量、拓宽招生范围、提高就业竞争力，同时也为国际社会培养更多具有全球视野的人才。

4. **注重社会责任感培养**

拉丁美洲高等教育机构普遍注重培养学生的社会责任感，强调学生为社会服务和解决问题的能力，尤其是在环境保护、健康和社会不平等方面。

许多拉丁美洲高等教育机构都开展了各种形式的社区服务活动，例如义工、志愿者、乡村教师、医生等项目，以解决当地人民的实际问题。为了培养学生的创新精神和创业能力，这些教育机构也开始开展与社会创新和创业相关的课程和实践项目。例如，有些拉丁美洲国家环境状况较差，对此高等教育机构将环境保护作为社会责任之一，通过开展各种环保活动来提高学生的环保意识。又如，拉丁美洲地区存在着严重的社会不平等现象，因此许多高等教育机构开始注重向学生传递社会公平的价值观，鼓励学生积极参与社会公益事业。

为了进一步促进社会责任感的培养，很多高等教育机构也开始对课程设置进行改革，引入社会责任教育和体验式学习等元素，以提高学生的社会责任感。

总体来说，拉丁美洲地区的高等教育机构倡导以人为本、注重社会责任感的办学理念，通过各种形式的课程设置和实践项目的开展，培养学生的社会责任意识和公民精神，更好地为社会服务。

5. 科技创新

为了推动社会经济发展，拉丁美洲国家的高等教育机构开始注重科技创新，在技术转移、知识产权等方面积极探索。通过开展科技转移项目，将具有市场潜力的科技成果转化为实际应用，推动经济发展。为了支持学生和研究人员的创新创业，这些高等教育机构加强了科研基础设施建设，包括实验室、科研中心等，同时也开始建立创业孵化器，并提供资源和咨询服务等支持。很多拉丁美洲国家的政府或私人企业也开始提供科研资金，以支持高等教育机构的科技创新活动。

总体来说，拉丁美洲地区的高等教育机构通过科技转移、创业孵化、基础设施建设、国际合作等途径，不断提高自身的科技创新能力，在推动经济和社会发展方面发挥着重要作用。

尽管拉丁美洲高等教育取得了一些进展，但仍然面临许多困难和挑战，包括资金不足、师资力量匮乏、教学质量参差不齐等，需要政府和社会各方共同努力。

目前，一些拉丁美洲国家的高等教育质量不够稳定，有些学校甚至存在低质量、低水平甚至非法办学的问题。另外，高等教育经费有限，很多学校经常面临招生困难、设施落后、师资紧缺等问题。高等教育还存在教育不平等现象，城市与农村之间、富人与穷人之间的差距较大。

尽管很多拉丁美洲国家的高等教育正朝着国际化方向发展，但在国际上的学术声誉和知名度相对较低，缺乏与世界一流大学竞争的实力。

三、拉丁美洲教育面临的主要问题

20世纪90年代，拉丁美洲各国开始积极调动各方面资源进行改革。改革实质上是国家内部官僚化变革的过程，即对公共管理中的若干方面做出调整，如资源配置、国家合理性与监管性，以及国家规范等。而国家改革的主要目标是重新定义公共与私人领域的界限，以及国家对社会生活的干预方式。

21世纪初，10个拉丁美洲国家为改革本国教育体系率先通过相关的教育法，第二轮教育改革正式开始。其中，部分国家取消了早前的改革方案，而另一部分国家则对第一轮改革方案进行部分修改。然而，根据拉丁美洲地区教育领域的普遍特征和不平等性，新的教育法案面临着强有力的挑战。尽管过去几十年中教育覆盖率不断上升，更多的儿童有机会进入小学，接受中等教育的人数也大大增加，但是该地区的教育仍然面临着诸多问题与挑战，如教育质量不高、教育公平程度差、教育与实践脱节等问题。

拉丁美洲国家在实现既定教育目标和预算方面面临现实挑战：偿还外债使许多国家无法保障公民的基础教育，多边组织推动的结构调整政策减少了对教育的公共投资；由于要偿还外债，许多国家在不减少教师人数的情况下降低教师工资、限制学校的创办以及将高额的教育支出转移给家庭。

纵观拉丁美洲国家教育改革历程可以看出，教育改革阻力大，社会各界缺乏对改革的共识，对于变革内容大部分人并不了解。此外，教育工会等反对改革势力强大，致使改革方案迟迟不能推进。

当前，拉丁美洲国家的教育问题主要体现在以下几个方面：

（一）教育不平等

从 20 世纪 80 年代开始，精英文化在拉丁美洲传统教育体系中占据主导地位。创建出差异化的教育制度，这种差异化与该地区许多国家提出的"国民教育体系"理念不符。在拉丁美洲，学生获得的学习机会和得到的支持条件更多由家庭生活水平和社会地位决定，因此，穷人受教育的权利在一定程度上被剥夺。在许多拉丁美洲国家，虽然几乎所有儿童都接受了教育，但教育机会的分配方式极其不平等，享受优质教育权变成一种消费品，只有渴望从中受益并拥有购买力的人才能获得。此外，大量适龄人口无法接受完整的教育。对少数学生来说，也许攻读大学意味着人生新的开始，但对很多学生来说，这可能只是一段失败、被迫重复抑或被过早开除的短暂教育经历。

总之，至少目前拉丁美洲人民受教育的权利并未实现民主化，与不公正的社会制度所匹配的是同样不公正且具有歧视性的教育体系，不同社会群体有属于自己的特定教育轨道。

近年来，各种机制的引入，使得教育不平等现象加剧。例如，在教育机构实施绩效奖励制度，导致教育机构间竞争激烈，而最后往往是最好的学校受益，最差的学校受惩罚；学校通过与企业联合，大大增加了外部干预的概率。在一些拉丁美洲国家，免费公共教育受到严重威胁，例如，哥伦比亚、尼加拉瓜、巴拉圭、秘鲁等国家向有孩子的家庭收取公立学校的税费或其他费用，政府不仅强迫家庭承担孩子上学的费用，而且将公共资源转移给私营实体，这些私营实体在教育系统内拥有话语权和监督权。

1980—1990 年间，很大一部分国家进行了教育质量测试，测试结果被认为是衡量教师教学效果和学生实际获得知识的可靠指标。然而，政府通过招标把测试权转移给公司或私人基金会。因为招标并不总是透明的，这些公司和基金会不仅从中获利，而且垄断了对测试的监管和纪律处分权。因此，几乎整个拉丁美洲都经历了教育机构的分割和分化过程，受教育的权利未实现真正的民主化。

（二）教育质量低

尽管拉丁美洲国家在教育方面的支出不低，但教育质量相对较差，如学生学习能力不足、教师教学质量不高、基础设施和教育技术落后等。很多国家的政府没有足够的预算用于改善教育，因而出现学校条件恶劣、教材陈旧、教师薪水低等问题。城市和农村地区之间教育资源的差距较大，城市地区的学校更容易获得政府的关注和投入。

一些拉丁美洲国家缺乏经验丰富、高素质的教师，加上教育机构管理和监督不足，缺乏有效的考核和评估机制，教育质量无法得到有效保障。

文化传统和社会背景也对教育质量产生深远影响。例如，拉丁美洲一些地区存在较为严重的识字率低下、性别歧视等问题，这些因素也会严重影响教育质量。

联合国教科文组织与拉丁美洲及加勒比地区教育、研究和创新实验室合作编写的一份全球教育监测区域报告显示，新冠疫情加剧了拉丁美洲地区的教育鸿沟。[①] 在疫情发生之前，该地区已经是世界上教育最不平等的地区，拉丁美洲21个国家中最富裕家庭的孩子完成高中学业的可能性是最贫穷家庭孩子的5倍。尽管各国已经为开展远程教育计划做出努力，但报告指出，有必要制定紧急措施，以帮助那些掉队的人。

此外，拉丁美洲国家所使用的教材普遍存在内容空泛、与实际生活缺

---

① 联合国教科文组织：《最新全球教育监测报告提醒勿忘弱势群体，并敦促拉美和加勒比国家在疫情下促进教育包容性》，https://www.unesco.org/zh/articles/zuixinquanqiujiaoyujiancebaogao-tixingwuwangruoshiquntibingduncuIameihejialeibiguojiazaiyiqingxiacuji。

乏联系等问题，受教育者没有很好地从教材中获得相应的知识和技能。教育不能适应经济社会发展的要求，许多受过高等教育的学生不能满足劳动力市场的需要，缺乏适应市场的能力。

（三）教育投入少

尽管拉丁美洲国家政府投入不少财力积极支持教育改革和发展，但拉丁美洲国家和发达国家的教育投入差距仍然较大。

2001年拉丁美洲高等教育投入平均占该地区国民生产总值的0.88%，大大低于国际专家论证过的维持高校正常运作的最低标准——占国民生产总值的1.5%—2.0%。但就占教育总支出的份额而言，比重并不低（平均为20%，其中阿根廷、哥伦比亚、墨西哥、智利低于此比例，而巴西和委内瑞拉则高达35%—36%）。[①] 传统上，拉丁美洲国家对本国高等教育的投入是不附加任何条件的，国家不提出要求，学校也不承担责任，投资规模不与办学质量只与学生人数挂钩；不核算投入产出比，只按物价指数和工资自然增长而增加；不考虑社会效益，只凭法律条文强制性无偿拨给。久而久之，学校则丧失了改革发展的内在动力。

更为严重的是，在阿根廷、墨西哥和巴西之前实行的是不经入学考试不加限制地吸纳高中毕业生进入高校的开放政策。这样一来，有限的教育经费不能满足日益膨胀的学生人数。在遭到广泛批评后，拉丁美洲各国这种低效率拨款方式开始发生变化：对公立高校实行有附加条件的拨款制和"混合拨款"原则，即根据高校活动成果来划拨部分款项，同时以学费、教育贷款、毕业生捐助、慈善捐款、公司赞助、高校创收、国际资助作为补充财源。

由于该地区社会不平等和不公正现象突出，加上高度腐败让教育投入

[①] 韩骅：《问题与对策：拉美地区近10年教育发展回眸》，《比较教育研究》2001年第1期。

分配缺乏控制和公众监督，因此，尽管近年来拉丁美洲政府对教育投资有所增加，但并不能为贫困人群带来较大改变，相反，最富有的群体似乎更有能力吸收和利用公共教育投资。在教育投入增加的同时，日益严格的财政政策以及极高的外债，导致债务利息支出超过各国每年在教育系统上的支出，严重影响了教育投入。

在拉丁美洲国家，教师工资普遍偏低。2001年数据显示，经济合作与发展组织国家的小学教师平均年薪为20530美元，中学为23201美元，大学教师薪水为35737美元；而在智利，教师平均工资为每年12711—21237美元；在阿根廷，小学教师的平均工资为每年6759—11206美元，中学教师为10837—19147美元。①

拉丁美洲国家对教育的低投入以及社会经济的不稳定，导致教师对教育工作产生不安全感。在该地区的许多国家中，小学教师生活在贫困线以下。教育投入低造成一系列问题，如学校基础设施条件恶劣、缺乏适当的教材、没有图书馆和教室过度拥挤等。

四、拉丁美洲教育典型案例

教育资源是促进社会发展的重要力量。拉丁美洲地区的教育机构在推动社会和经济发展方面发挥了重要作用。这表明，教育资源是实现可持续发展的重要因素。政府在教育领域的投入对提升教育水平具有至关重要的作用。拉丁美洲国家在教育发展方面的成功，与政府对教育的大力支持密不可分。

---

① Programa de Promoción de la Reforma Educativa de América Latina y el Caribe (Chile), Inter-American Dialogue (USA), Corporación de Investigaciones para el Desarrollo (Chile), " Quédandonos atrás: Un informe sobre el progreso educativo en América Latina. Informe de la Comisión Internacional sobre Educación, Equidad y Competitividad Económica en América Latina y el Caribe," Santiago de Chile, 2001, p. 53.

同时，拉丁美洲地区教育资源的分配不公，社会对教育的重视度不够导致一些地区的教育条件较为落后，公共教育领域的发展受到限制。由于政策变化频繁等因素，教育质量存在参差不齐的现象。教育与就业的脱节问题在拉丁美洲国家比较严重，许多毕业生面临着找不到工作的状况。

（一）案例一：巴西通过立法促进教育结构改革

20世纪60年代以前，拉丁美洲国家大学专业设置类别少，既不能满足社会经济发展对多层次人才的需要，也不能适应现代高等教育的发展趋势。之后，随着国家社会经济的发展和产业结构调整，不少拉丁美洲国家对高等教育进行了结构改革，以适应国家和地方经济社会发展的需要。

结构改革的主要措施之一是新建专科技术院校，其中私立技术院校的增长速度快于公立院校，巴西在这方面的做法具有一定代表性。在1968年实施《大学改革法》之后，巴西新建院校数量逐年递增。

结构改革的主要措施之二是增设社会经济发展急需的新专业。20世纪70年代末，很多拉丁美洲国家的公私立高校都对专业设置进行了调整，学生中选择工程学、商业和管理、教育学、医学、法律等热门专业的人数比例大幅增长。医学和法律两个传统上最热门的专业逐渐被工程学、商业和管理等专业取代。

在此之前，巴西的公共研究机构和大学遵循着林林总总的规章制度，很难发展。为了适应科学技术与创新发展趋势，削除这些繁文缛节，巴西除了实施上述结构改革措施外，还让社会机构参与到教育改革中来。从1998年开始，社会机构可与联邦机构签订合同以管理公共研究机构，它们有自主雇佣权，可自由购买设备、选择科学或技术研究的课题。这些社会机构灵活的管理方式使得巴西在科技方面取得了很大发展。

巴西是世界上最早把教育经费写入宪法的国家。20世纪90年代末，随着经济改革进程的启动，巴西又通过立法来刺激私人研发，此举可谓巴西教育改革的里程碑。

此外，2010年举办的巴西第4届全国科学技术大会为"2010—2015国家计划研究生教育"项目工作奠定了基础。此次大会上所提出的议案被列入蓝皮计划"更强的巴西"。另一个与"更强的巴西"相关的"科学无国界"计划得到联邦研发基金资助。"科学无国界"计划于2011年开始启动，旨在2015年前，向外派遣10万名大学生，其中7.5万名巴西大学生可享受全额奖学金，赴海外顶尖大学学习。这些奖学金名额分别由联邦研究生教育支持与评估机构和国家科技发展委员会提供。学生要获得这项奖学金，所学专业必须是关系巴西国计民生的重要学科。奖学金的设立表明，巴西政府对建设科学技术精英队伍的重视。除了政府资助的留学项目以外，巴西私立机构也为大学生提供赴海外留学的奖学金。①

（二）案例二：墨西哥"双失青年"问题严峻

10多年来，由于拉丁美洲地区经济增速缓慢，青年人就业难问题十分严峻，拉丁美洲国家"双失青年"现象比较普遍，其中墨西哥尤为突出。"双失青年"指年龄在15—29岁之间，既不学习也不工作的年轻人。这一概念最早产生于英国，2003年出现在西班牙，后传播到拉丁美洲。②众所周知，墨西哥是世界上暴力犯罪较为严重的国家之一，许多"双失青年"加入贩毒团伙或参与暴力事件，为社会注入很多不安定的因素，因此，墨西哥的"双失青年"问题受到格外关注。

"双失青年"大多只接受过中学教育，很少接受过高等教育。其中，15—18岁年龄段的"双失青年"仍然处于学龄期，他们在身心、智力和情感方面还不太成熟，但又无法继续接受正规教育，处于失学状态且尚未找到工作；19—24岁的"双失青年"已经不属于义务教育阶段，可能缺乏更

---

① 何霖俐：《中国与拉丁美洲留学人员交流与培养：回顾、现状与展望》，中国社会科学出版社2018年版，第64—65页。
② 徐文丽：《墨西哥"双失青年"问题研究》，《拉丁美洲研究》2019年第4期。

多的接受高等教育和工作的机会；24—29 岁的"双失青年"大多是处于失业状态的年轻劳动力，他们几乎很难重新接受教育。[1]

"双失青年"来自贫困家庭的比重较高。虽然富裕家庭的孩子也可能成为"双失青年"，但这类人群更多是主动成为"双失青年"的，而且持续时间往往较短，即使不学习不工作，也有足够的生活来源，未来也会有其他选择。而贫困家庭的孩子大多是被迫沦为"双失青年"，家庭能够给予他们的支持非常有限。这些青年的父母大多受教育水平较低，并且一般处于社会底层。"双失青年"大多来自贫困家庭，起点低，从而形成一个难以打破的恶性循环。而墨西哥的贫富差距问题长期以来并未得到解决。

世界银行报告指出，墨西哥高中的辍学率对暴力犯罪有明显的影响，辍学率每增加 1 个百分点，每 10 万居民的凶杀率就会增加 0.6 个百分点，将会有 7 辆汽车被盗。相反，1995—2007 年，高中辍学率下降了 2.3 个百分点，墨西哥的凶杀案也相应地减少了 1.4 个百分点；而边境州的"双失青年"比重每上升 1 个百分点，每 10 万居民的凶杀率就会增长 2.59 个百分点，新增犯罪中"双失青年"占比 15%。[2]整体来看，2007 年以后，处于失业和失学状态的"双失青年"加剧了墨西哥的社会治安不安定状况，增加了社会治理的难度。近几年，墨西哥政府已经将社会安全治理列为国家治理的优先事项。

墨西哥"双失青年"群体庞大，产生的社会影响不容小觑。这一群体无法接受教育和培训，也无法进入劳动力市场，实际上，这是社会排斥的一个重要表现。国家经济状况与就业形势、教育体制的问题以及家庭环境和青年个人心理是"双失青年"问题重要的影响因素。

从教育方面来看，墨西哥的教育体制存在诸多结构性问题。首先，因教育水平和教育质量问题导致的年轻劳动者就业竞争力相对薄弱是墨西哥

---

[1] 高艳贺、黄志成：《墨西哥教育平等：现状、对策与启示》，《教育科学》2007 年第 2 期。
[2] de Hoyos, Rafael, Gutierrez Fierros, Carlos, Vargas M., J. Vicente, "Idle Youth in Mexico: Trapped between the War on Drugs and Economic Crisis," World Bank, Policy Research Working Paper, No. 7558, 2016, p. 20.

"双失青年"不断增加的一个重要原因。其次,墨西哥教育投入严重不足,墨西哥是经济合作与发展组织国家中教育投资最少的国家之一。2015年墨西哥的教育投入为每名学生每年3703美元,远低于经济合作与发展组织国家每名学生每年10759美元的水平。在教育投入有限的情况下,墨西哥大众的受教育水平普遍较低。截至2016年,25—64岁的墨西哥人中只有17%的人完成了高等教育。另外,高等教育的门槛相对较高,20—24岁的墨西哥学生中仅有21%的幸运者能够得到接受高等教育的机会。[1]

尽管近年来提供高等教育的机构数量显著增加,但受过高等教育的墨西哥人却仍旧是少数。除了门槛高外,墨西哥高等教育还存在高待业率和专业不对口等问题,即使顺利毕业的学生也极有可能因为能力无法匹配就业要求而面临找不到理想工作的境遇,从而处于失业失学状态。

总之,墨西哥教育的低普及度、教育机会的不平等、教学内容与就业要求的不匹配都导致青年人在劳动力市场处于劣势,面临升学和就业困境。不仅是墨西哥,在整个拉丁美洲,贫穷家庭的孩子都容易成为"双失青年"。由于认知水平和社会地位低下,父母对年轻人的影响往往是消极的,他们不能为"双失青年"提供适当的物质和精神支持,这也成为"双失青年"改变命运的不利因素。

五、拉丁美洲教育拓展阅读

(一) 教育学学科知识拓展阅读

[美]丹尼尔·列维著,周保利、何振海译:《拉丁美洲国家与高等教育:私立对于公立主导地位的挑战》,北京师范大学出版社2016年版。

朱泂:《西方教育社会学近著导读》,社会科学文献出版社2015年版。

---

[1] OECD, "Panorama de la Educación 2017," pp. 54–57.

孙伦轩：《高等教育转型中的国家行为：金砖四国之比较》，中国社会科学出版社 2019 年版。

徐世澄：《现代拉美文明：狂欢的盛宴》，云南大学出版社 2018 年版。

吴式颖、任钟印主编：《外国教育思想通史》全十卷，湖南教育出版社 2002 年版。

（二）教育学研究方法拓展阅读

［荷］汉斯·德维特等主编，李锋亮、石邦宏、陈彬莉译：《拉丁美洲的高等教育：国际化的维度》，教育科学出版社 2011 年版。

薄云：《拉美私立高等教育发展研究：以巴西、墨西哥、阿根廷和智利为个案》，厦门大学出版社 2017 年版。

何霖俐：《中国与拉丁美洲留学人员交流与培养：回顾、现状与展望》，中国社会科学出版社 2018 年版。

曾昭耀、石瑞元、焦震衡主编：《战后拉丁美洲教育研究》，江西教育出版社 1994 年版。

王留栓：《拉丁美洲国家公私立高等教育的主要特征》，《外国教育资料》1995 年第 4 期。

（三）拉丁美洲教育拓展阅读

［墨］加布里埃尔·阿尔瓦拉多等著，朱文忠、倪诗玮、向祎清译：《当代拉美管理教育发展路径》，经济管理出版社 2020 年版。

钱乘旦、韩琦主编：《世界现代化历程·拉美卷》，江苏人民出版社 2015 年版。

［美］奥斯卡·刘易斯著，李雪顺译：《桑切斯的孩子们：一个墨西哥家庭的自传》，上海译文出版社 2014 年版。

六、思考

拉丁美洲的经济和政治变革过程与该地区的教育变革过程有什么关系？

拉丁美洲国家的民主转型和区域发展是如何体现在教育资源配置上的？

在拉丁美洲国家教育改革进程中，教育公平战略为何难以实现？

请谈谈拉丁美洲教育面临的问题以及对我国教育发展的启示。

请谈谈在新时期背景下中国应该如何与拉丁美洲国家开展更深层次的文化和教育交流。